〈<u>탁</u>바위!〉 탁월함에 이르는 <u>바</u>른 연필잡기의 <u>위</u>대한 힘! 〈TBW!〉

-바른 연필잡기를 위한 세계 최고의 과학적 단계적 실습서-

탁바위 : 실제편

위대한 힘!
The greatest power
最大的力量
La plus grande puissance
Die größte Kraft
El mayor poder
Величайшая сила
In maxima potentia
พลังที่ยิ่งใหญ่ที่สุด
أعظم قوة
بزرگترین قدرت
偉大な力(最高のパワー)

바른 연필 잡기의 삼각별

0시 방향 : 바른 정 자세 Paint brush
4시 방향 : 바른 펜의 방향 Pen (fountain Pen)
8시 방향 : 협응하는 왼손의 방향 Pencil
원 : 펜, 연필, 붓의 몸통은 둥글다. 우리모두 배려하며 원만하게 살자
　　 3P(자세) × 3P(공간적 요소) (2시 : Paper, 6시 : People, 10시 : Place)

바른 연필잡기 세계 최고봉!
바른 연필잡기 9단!

名人　伯樂　吳榮植 지음
명인　　백락　　오영식
The Meister OH Young Seek

저자 소개

바른 연필잡기
세계 최고봉!
바른 연필잡기 9단!

名人 伯樂

吳榮植 지음

명인 백락 **오영식**
The Meister
OH Young Seek

2012년 바른 연필잡기를 위한 연구 시작
2006년 전국 교사 발명대회 장려상
2008년 수학 부분 영재 지도 교사 활동
2009년 수학 부분 영재 지도 교사 활동
2010년 수학 부분 영재 지도 교사 활동
2011년 수학 부분 영재 지도 교사 활동
2013년 〈의대 보내기 프로젝트〉 1차 시작
**   (시골 학교 학급 총 학생 : 4명)**
2014년 〈의대 보내기 프로젝트〉 2차 시작
**   (시골 학교 학급 총 학생 : 7명)**
2015년 바둑 한국기원 아마 1단 취득
2017년 학생발명품 경진대회 지도 은상
2018년 학생발명품 경진대회 지도 동상
2018년 교사 연구대회 수상
2019년 학생발명품 경진대회 지도 은상
2019년 교사 연구대회 수상 (주제:바른 연필잡기:도구편)
2019년 탁바위 기본 문양 제작
2019년 名人(명인)이라는 筆名(필명)을 사용
        바른 연필잡기의 세계 최고 名人이라는 의미
2019년 현직 초등 교사를 대상으로 바른 연필잡기 강연
2020년 The Meister 筆名(필명)을 추가 사용
2020년 '탁바위' 이름 제작
2020년 예비교사 대상 2주 지도
2020년 TBW 우연히 발견
2020년 탁바위! 유튜브 채널 시작 : 탁바위 검색
        (탁월함에 이르는 바른 연필잡기의 위대한 힘!)
2021년 〈의대 보내기 프로젝트〉 성공 : 2명 합격
2021년 의대 합격을 기념하기 위해
        伯樂(백락)이라는 筆名(필명)을 추가 사용
2021년 교사 연구대회 수상
                (주제:바른 연필잡기:이론편, 실제편)
2021년 전주중산도서관 강연
2021년 현재 전주우림초등학교 근무 (도청 및 도교육청 근처)

〈학생들을 가르치며
        성공한 프로젝트〉
시골 학교 교사
    시골 학교 학생 의대 보내기

君子三樂

父母俱存 兄弟無故
仰不愧於天 俯不怍於人
得天下英才 而敎育之

1차 : 2013년 시작(전교생 4명)
2차 : 2014년 시작(전교생 7명)

2021년 2명 의대 진학

수학 비법 영어 비법 한자 비법
과학 비법 사회 비법 독서 비법
두뇌개발(기억력, 암기력) 비법
집중력 강화 비법   체력 강화 비법
목표 설정 비법

〈책을 펴내면서〉

　바른 연필잡기를 연구한지 10년이 넘었습니다.

　바른 연필잡기 연구를 하면서, 교총(교원총연합회) 교사 연구대회에서 바른 연필잡기 주제와 관련하여 2번 수상하는 영광을 얻었습니다. 처음으로 바른 연필잡기 주제로 연구대회에서 수상한 2019년에는 바른 연필잡기를 위한 도구를 중심으로 연구하여 수상하였습니다. 주위에서는 정말 한 우물을 파니 뭔가 이루어 진다고 하면서 축하해 주었습니다. 두 번째로 바른 연필잡기 주제로 연구대회에서 수상한 2021년에는 바른 연필잡기를 위한 이론서와 이를 실천할 수 있는 실습서를 중심으로 연구하여 수상하였습니다.

　바른 연필잡기를 위한 이론을 정비하고, 연습할 수 있는 실습서를 개발하고, 쉽게 목표를 도달할 수 있는 도구의 개발까지 완벽한 三位一體(삼위일체)입니다.

　모두 바른 연필잡기를 위한 인고의 결과물입니다.

　이렇게 인고의 결과물이 나오기까지 주위에서 많은 도움과 응원하며 용기를 준 지인들에게 감사드립니다. 특별히, 연구에 집중할 수 있도록 지원해주며, 여름마다 연구대회에 잘 다녀오라고 응원해준 아내와 최고의 이론서, 실습서, 도구를 생각할 수 있도록 힘이 되어준 딸에게 고마움과 사랑을 전합니다.

2021년 9월

코로나와 더위로 힘든 여름을 보내며,

名人　伯樂　吳榮植
명인　백락　오 영 식
The Meister　OH Young Seek

〈탁바위!〉
탁월함에 이르는 **바**른 연필잡기의 **위**대한 힘! (실제편)
-바른 연필잡기를 위한 세계 최고의 과학적 단계적 실습서-

'미세한 차이가 승부를 가른다!'
    바른 연필잡기는
      '미세한 차이가 나는 인생의 중요한 승부에서
        승리의 여신이 나에게 웃어주는 긍극의 힘!'이다.

    보통의 승부는 미세한 차이로 끝나는 경우가 많다. 승부를 논하는 것은 스포츠에서 많이 언급되며, 극적으로 표현한다. 영상의 힘이다. 그렇기에 우리에게 다가오는 감동도 매우 크다.
    올림픽 100m 달리기 결승의 1등, 2등, 3등의 차이는 특별한 경우가 아니면, 1초도 나지 않는다. 사실 1등, 2등, 3등의 차이는 그렇게 나쁘지 않다. 금메달, 은메달, 동메달의 기쁨과 시장식의 화려함과 수상자라는 영광이 있기 때문이다. 스포츠맨 정신, 올림픽 정신을 이야기 하지만 4등은 정말 억울할 것이다.(때로는 결승전에서 만나는 1등과 2등의 경기보다 3등과 4등의 경기가 더 치열한 경우도 많다.) 의미는 있지만 4등은 화려한 스포트 라이트의 그냥 주변인이다. 주변에서 가끔 큰 차이가 나는 승부를 보는 경우도 있다. 이것은 승부라는 공정한 경쟁 속에서 뜻하지 않은 요인이 작용하는 어쩔 수 없는 경우이다.

    바른 연필잡기는 습관이다.
    습관은 호흡과 같아서 특별한 노력없이 자연스러운 것이된다.
    좋은 습관은 특별한 노력없이 좋은점이 다가오고
    좋지 않은 습관은 특별한 노력을 하여도 좋은 점이 멀어지고, 나쁜점이 다가온다.

바른 연필잡기를 위해,
이론편과 이를 뒷받침하는 실제편을 제작하였다.
잘 활용하여 미세한 차이가 발생하는 인생의 중요한 순간에
승리의 여신이 나에게 웃어 주도록 노력하면 좋겠다.

　각 부분에 대한 설명은 이론편에서 자세히 설명하였다. 원리를 이해하고 연습을 하면 바른 연필잡기의 목표에 도달하는 속도가 빨라지므로, 꼭 이해를 하고 연습하기를 바란다. 또한 실습편의 각 장마다 간단하게 개요를 넣어 각 연습방법에 과정의 필요성 또는 제작 이유 또는 원리를 설명하였다.

〈당부의 말〉

10년 이상을 연구한
바른 연필잡기를 위한 세계 최고의 과학적 단계적 연습방법이라 생각된다.
연습은 꼭 **바른 연필잡기 손모양을 하고** 연습을 하도록 당부한다.

아니면 의미 없다. 이론편과 실습편을 잘 활용하기 바란다.

내 자식이 먹는다는 마음으로, 우리 가족이 먹는다는 마음으로
(맹자 엄마 마음으로, 석봉 엄마 마음으로)

본 저자의 공부에 대한 **철학적 사유**은 다음과 같다.

공부의 기본은 바른 자세에서부터 시작한다고 생각한다.(독서도 마찬가지다.)

자세가 바르지 않으면, 공부 호흡, 공부 근육, 공부 태도 등이 잘 생기지 않는다. 생겨도 바르지 않게 생긴다. 좋은 습관은 호흡과 같아서 특별한 노력을 하지 않아도 장점이 쌓이고, 나쁜 습관도 호흡과 같아서 특별한 노력을 하여도 단점이 쌓인다. 그런데 본인은 모른다. 그리고 이유도 모르게 승부에서 낙오된다. 그리고 이유를 모른다고 하며, 다른 외적 요인을 찾는다. 더욱 안타까운 것은 열심히 노력하고 준비하는 것 같이 보였지만, 승부라는 것에 서기도 전에 도퇴된다.

공부에서 바른 자세의 출발은 바른 연필잡기를 기초로 한다. 손이 틀어지면 어깨가 삐뚤어지고, 고개가 틀어지며, 양쪽 눈의 초점거리 차이로 인해 시력이 나빠지며, 허리가 삐뚤어지고, 척추 측만이 오고, 발이 바르게 있을 수 없고, 집중하지 못하고 등 연관효과의 악순환으로 부정적 상승효과가 발생한다고 생각한다.

초등 교육현장에서 학생들의 바른 연필잡기를 지도하던 중 딸의 연필잡기 모습을 보게 되었다. 아뿔사! 딸의 연필잡기는 엉망이었다. 위에서 본 연필의 방향이 2시 방향이다.(이렇게 2시방향 이라고 만들고 명명하기까지 오랜 시간이 걸렸다.) 2시 방향은 4시 방향인 최소한의 기준에서도 너무 틀어져 있었다. 연필의 방향이 2시이니 바른 손모양도 나올 수 없었다, 글씨를 바르게 쓸 수 없으며, 자세가 나빠지고, 집중을 오래 할 수 없었다. 그래서 연습하기 시작했다. 처음에는 무턱대고 '따라해! 이렇게 하면 돼!' 너무 추상적이었다. 그래서 2~3년이 지난 후 위에서 본 연필의 방향을 45도로 지칭하고 다시 4시 방향이라고 지칭해줬다. 위에서 본 연필의 방향이 45도라는 용어에서 4시 방향이라고 용어를 지칭한는데도 많은 시간이 투자되었다. 이러면서 선 그리기도 했지만 짧은 선 그리기, 글씨 따라쓰기 등 해도 바른 연필잡기를 쉽게 할 수는 없었다. 과학화, 구조화, 체계화 되어 있지 않았기 때문이다.

그래서 바른 연필잡기를 하기 위한, 딸의 바른 연필잡기를 위한 최선의 방식을 고민하고 4시 방향 4cm 선 그리기, 숫자 쓰기가 중요, 바른 연필잡기 용어 등 단계적으로 개발했다. 4cm 선의 길이를 선택한 이유도 있다. 바른 연필잡기를 하지 못하니, 무의미한 손가락 당기기 동작이 발견되었기 때문이다. 이유가 있다. 연필의 방향이 4시가 되지 않으니, 이것을 해결하기 위해서 손가락 당기기를 하는 것이다.

악순환이 심해진다. 이 손가락 당기기의 악순환을 해결하려면 선의 길이가 4cm 정도는 되어야 손가락 당기기의 나쁜 습관에서 탈출할 수 있다.

2021년 현재는 많이 좋아졌다. 그렇지만 나쁜 습관을 좋은 습관이 아닌 보통의 습관으로 바꾸는 것도 무지 힘들다는 것을 몸소 경험하고 있는 중이다.

바른 연필잡기를 위한 연필의 바른 위치라는 것도 지도하는 사람마다 달랐다. 심지어 2020년 코로나로 인하여 전국의 교육이 EBS를 집중되고, 이용하는 현실에서도 **EBS 강사의 바른 연필잡기 손모양은 바르지 않았으며, 그 내용으로 대한민국의 모든 학생들에게 일괄적으로 지도하고 있었다.**(EBS 강사를 비난하려는 것이 아니다. EBS 강사가 바른 연필잡기를 배우지 않았고, 사회적으로 바른 연필잡기에 대한 연구가 없었고, 바른 연필잡기의 연구가 없었기 때문에 바른 연필잡기에 대한 지도서나 실습서가 없었고, 바른 연필잡기에 대한 철학적 사유가 없었기 때문이다. 물론 예쁜 글씨에 관한 것은 많이 있다. 예쁜 글씨와 바르게 연필잡기는 필요충분조건이 아니다. 예쁜 글씨라는 것이 바른 연필잡기를 왜곡하고 개인의 행복과, 국가 경쟁력을 떨어뜨리고 있다.) 바른 연필잡기와 관련된 글씨체의 사회적 합의가 필요하다. 뒤에 설명하였다. **기회가 되면 EBS 및 EBS강사에게도 바른 연필잡기에 대하여 공유하여 대한민국에 바른 연필잡기의 파급력을 높이고 싶다. 그리고 국가경쟁력으로 삼고 싶다.**

이렇게 전국적으로 고려되지 않는 바른 연필잡기를 교육하는 것은 대한민국의 모든 초등학생들의 신체적 성장과 창조적 아이디어를 사라지게 하는 악영향을 끼칠 수 있다. 이것은 학생들이 바르게 성장하고, 미래의 먹거리를 구상해야하는 국가 경쟁력이 사라지는 것과 마찬가지이다.

바른 연필잡기를 위한 연필의 바른 위치는 이간혈을 지나야한다. 이렇게 바른 연필잡기의 위치를 명명하니 지도하기 편안하다. 딸의 손잡이도 교정하기 훨씬 수월해 졌다. 검지 손가락 이 부분에 놓고 연필을 잡아야 한다고 교육할때는 정말 갑갑하였으며 교육적 효과도 떨어졌다. 2020년에 드디어 이간혈이라는 용어를 찾았다. 이간혈이라는 용어를 찾기까지 거의 9년이 걸렸다. 느낌이 오겠지만 동양 의학을 참고했다. (서양 의학의 해부학을 참고하면 중수관절이라는 용어까지는 나오지만 그 다음의 위치를 지칭하는 것이 너무 세세하고 용어가 어려웠다.) 9년이 걸린 이유는 계속해서 바른 연필잡기만 연구할 수 없었기 때문이기도 하다. 물론 혼자서 연구해서 그렇다. 바른 연필잡기가 다른 공부의 이유 등으로 인하여 경시되는 풍조가 우리 사회는 강하기 때문에 협동하기가 힘들다. 사실 관심을 갖자고 하는 것도 어렵다. 그래서 혼자서 많이 연구하였다. 덕분에 이제는 名人(명인)이라 불릴만 하다.

바른 연필잡기를 연구한 것은 지극히 이해타산적인 공부를 잘하는 것에 관한 욕심으로 시작한 부분이 있지만, 계속되는 관심과 연구를 통하여 바른 연필잡기는 신체의 성장 및 자아실현, 자아 존중감에도 한 목 한다는 것을 알았다. 바른 신체 성장은 당연한 결과이지만, 바른 연필잡기가 가져오는 연관 효과의 선순환은 긍정적인 상승효과를 동반하기 때문이다. 수학도 자신있게 풀 수 있고, 생각의 정리를 쉽게 구조화 할 수 있고, 창의성이 향상되고, 자신의 꿈의 높이를 높일 수 있다.

이론편에서 설명하고 있는 이유와 근거, 예시자료와 바른 연필잡기를 위해 구체적인 용어를 사용하여 자녀의 바른 연필잡기를 지도한다면, 바른 연필잡기를 하지 못해서 힘들어하는 자녀들과 그것을 바라보는 부모의 심정에서 훨씬 자유로울 것이다. 자녀의 자아실현도 훨씬 수월해질 것이다.

이 이론서와 실습서는 사랑의 산물이며, 인고의 산물이다.
직업적으로 학생에게 도움을 줘야 겠다는 마음에서 시작하여,
사명감을 가지고 지도 하던 중 필자의 딸의 바르지 못한 연필잡기를 발견하고,
딸의 바른 연필잡기를 이끌어 주려고 만든 결정체이다.
아니면 진작에 포기 했을지 모른다.

혹시라도 자녀의 꿈이 높거나, 자녀의 훌륭한 성장, 동질 그룹 내에서 우수성 발휘, 창조적 아이디어의 생산자, 멋있고 여유있는 폼을 원한다면, 실제편(실습서)을 이용해 시도해 보기 원한다.

많은 사람들에게 도움이 되었으면 좋겠다.

당부의 말은 **이론편을 공부하면서 실습편을 연습하면서 저자의 강의를 들으면 좋겠다.** 글로 표현하지 못하는 것들을 얻을 수 있기 때문이다.(미세한 차이의 극복이 생각보다 중요하다.)

목   차

실습에 들어가기 전에(사용법 등 기본 설명서)

탁월함에 이르는 바른 연필잡기의 힘! 실제편(실습서)을 바르게 사용하기 위해 간단한 설명을 한다. 궁금한 내용(과학적 근거, 이유 등)은 이론편을 참고하기 바란다.

> 바르게 쓰는 것과 예쁘게 쓰는 것은 다르다.
> 습관은 호흡과 같이 자연스러운 것이라서
> 좋은 습관이 몸에 베이면 특별한 노력없이도
>   장점을 얻을 수 있지만,
> 나쁜 습관이 몸에 베이면 특별한 노력을 하여도
>   단점이 쌓여간다.
> 나쁜 습관을 해결하기 위해 특별한 노력을 해야한다.
>   이것은 에너지 낭비이다.

바른 연필잡기의 삼각별

0시 방향 : Paint Brush 바른 자세
4시 방향 : Pen (fountain pen) 오른손 연필의 방향
8시 방향 : Pencil 오른손과 협응하는 왼손의 방향
2시 공간 : Paper
6시 공간 : People
10시 공간 : Planet
원 : Paint Brush, Pen (fountain pen), Pencil 의 몸통이 둥글다. Place가 둥글다. 우리가 사는 곳이 둥글다. 원만하게 살자

이간혈을 지난다. 중충혈을 지난다.
엄지와 검지는 최대 평행을 이룬다.
손과 팔목 손은 대칭을 이루는 이등변 삼각형이다.
손가락은 거의 가지런하게 평행을 이룬다.
소지 손가락은 정육각형의 반절을 만든다.
소지 약지 중지는 잘 받쳐줘야 한다.
소충혈 부근과, 소지 둘째 마디 옆 근육과, 소지 중수관절을 지면에 닿으면 곤란하다.
도구는 만년필, 뚜껑은 꼽지 않고!

→ 궁금한 내용은 이론편에 아주 자세히 설명함

사용법(이론편 참고)

　필요성을 이해한다(가장 중요 : 필요성을 직접 현실적으로 느끼기 전에 이 책의 도움을 받았으면 좋겠다.).
　기본 바른 연필잡기 손모양을 유지한다.
　기본 구상 : 바르게 글씨 쓰기(기본 영역)와
　　　　　　　 예쁘게 글씨 쓰기(예술 영역)는 다르다.
　원리를 이해하면 좋겠다(이론편에 자세히 설명 하지만).
　새로운 용어와 명칭은 이론편을 살펴보기 바란다.
　순서대로 연습하면서 필요한 부분을 취사 선택하여 연습한다.

　응용 선긋기 부분(2-1, 2-2, 2-3 연습틀)은 획을 쓰기 위한 연습이므로 연필잡기가 완성 되어도 매일 10분 정도 연습한다. 이 정도 연습하면 거의 2,000획 정도 연습하게 된다.

　도구
　 - 만년필 촉 두께 EF 촉, 최소 F 촉
　 - 만년필 뚜껑은 빼고 사용한다.. 뚜껑을 꼽고 사용하면 길이가 길어지고 무게 중심이 높아져서 불편하다. 중력, 지렛대 등의 과학적 이유이다.

　매 장마다 개요를 통하여, 연습 시작 전에 제작 원리 및 제작 과정, 사용법, 주의 사항 등을 간단하게 설명하였다.

왼쪽 사진은
바른 연필잡기의
모범적 자세이다

연습틀에 관한 설명

연습틀은 2개의 부분으로 구성된다. 처음 타이틀 부분과 내용 부분으로 나눈다.

타이틀 부분 : 설명 영역과 사용자 영역

1-1. 4시 방향 세로 사선 연습 : 적당한 연습 손의 세로 이동 연습	202 . .( ) 이름 :

설명 영역   사용자 영역

설명 영역

2-8. \ 짧게 연습 : ㅊ ㅎ 의 짧은 선 연습 함초롱바탕 1~2point 장평 200

학습 계열 표시 : 1-1, 2-7, 3-7-2

  1-1-1 : 연습의 계열을 맞추기 위해 만들었음. 첫 번째 항목은 7까지 있고, 두 번째 항목은 최대 16까지 있고, 세 번째 항목(기본틀에 글자를 연습하는 경우)이 있는 경우도 있다.

 간단한 설명 : 사용된 형식에 대한 설명

 연습틀의 규격 설명

사용자 영역

202 . .( ) 이름 :

날짜 표시 : 년, 월, 일, 요일
활용자 : 이름

내용 부분 : 직접 연습

연습을 시작하기 전에 잊지 말아야 할 것을 연습하는 각 페이지 맨 위에 제시하였다. 바른 연필잡기의 파란 삼각별은 바른 연필잡기의 기본이 되는 자세의 영역을 응축한 문양이다. 이것을 생각하면서, 만년필의 방향은 꼭 4시가 되도록 하고 연습하면 된다.

 바른 연필잡기의 삼각별을 생각하며, **만년필은 4시방향이 되게** 〈TBW〉

바른 연필 잡기의 파란 삼각별	0시 방향 : 바른 정 자세 Paint brush 4시 방향 : 바른 펜의 방향 Pen 8시 방향 : 협응하는 왼손의 방향 Pencil 원 : 펜, 연필, 붓의 몸통은 둥글다. 　　우리모두 배려하며 원만하게 살자 2시 : Paper 6시 : People 10시 : Place 　　3P(자세) × 3P(공간적 요소)

Ⅰ. 기본 선 연습 : 긴 선 연습을 통한 바른 연필잡기 훈련

바른 연필잡기를 위해서 선의 연습을 시작했다. 글씨부터 연습하거나 곡선이 있으면 어려워진다.

처음 시작은 15mm 정도의 선을 연습했다. 저학년 네모 공책의 가로 세로가 약 15mm정도 한다. 연습이 필요할 것 같아서 무턱대고 연습하니 가로선을 먼저 연습하였다. 그러던 중 선연습은 세로선을 먼저 연습해야 한다는 것을 발견했다. 손의 구조와 손가락 근육의 운동 방향을 생각해보면 세로 연습이 수월하기 때문이다.

그러다가 실제에 비슷한 7mm 정도의 선을 연습했다. 연습이 잘 되는 듯 했다. 선은 잘 그렸으나, 학생들이 직접 선그리기를 하니 손가락 당기기(이론편에 설명)를 하는 것을 발견했다. 손가락 당기기는 바른 연필잡기가 어느 정도 익숙한 다음에 해야 한다. 바른 연필잡기가 이루어지지 않은 상태에서 손가락 당기기는 바른 연필잡기를 방해하는 요소이다.

기본 연습의 단계에는 손가락 당기기를 할 수 없어야 한다. 어떻게 하면 손가락 당기기를 교정할 수 있을지 고민 했다. 이미 손가락 당기기가 익숙한 학생들에게는 새로운 연습법이 필요했다. 그래서 생각해낸 방법이 긴 선을 연습하는 것이었다. 긴 세로선의 길이는 최소한 4cm정도는 되어야 했다. 이것은 습관화되어 학생들 자신도 모르게 발생하는 손가락 당기기를 방지하기 위해서이다. 이정도 길이는 되어야 팔꿈치도 자유롭게 평행 이동이 가능하다. 바른 연필잡기를 하지 못하는 학생들은 팔꿈치의 평행 이동도 잘 하지 못해서 자세가 틀어지는 경우가 많기 때문이다.

이렇게 연습해도 손의 모양을 바르게 잡기는 어려웠다. 배우거나 교정하려는 사람의 의지가 필요하다.

긴 선을 연습하는 것은 나름 대로의 체계가 생겨서 긴 세로선을 먼저 연습했다. 긴 세로선 후 긴 가로선을 연습했지만 완벽하지는 않았고, 뭔가 부족함이 느껴졌다. 학생들이 바른 연필잡기를 어렵게 실시하는 것이다. 이유를 생각하니 수직선과 수평선은 펜의 진행 방향과 일치하지 않았다. 아직 익숙하지 않은 초보나 다름 없는 학생들에게 수직과 수평의 선은 신체 구조상 불일치하는 항목이 있었다.

그래서 손의 구조, 손목의 각도, 팔의 각도 등을 다시 살펴봤다. 45도 정도의 **사선을 연습하는 것**이 손의 구조, 손가락 근육의 움직임, 선의 진행, 선의 흐름, 펜의 결 등에 도움이 되었다. 45도를 연습하면서 적당한 각을 찾기 위해 고민했다. 45도를 기준으로 각을 더하거나 줄여 보았다. 그래서 내린 결론은 **60도 정도가 적당**하다고 결론을 내렸다. 60도라고 지도하니 학생들이 받아들이기 어려워했다. 그래서 **4시 방향 우하향 긴 세로 사선**을 연습하는 것으로 지도 방침을 바꾸고 안내하니 이해하기가 쉬워졌다.

긴 가로선도 수평으로 긴 가로선을 먼저 연습했으나 8시(2시) 방향의 선을 연습하는 것이 도움이 되어서 **8시(2시) 방향 우상향 긴 가로 사선**을 연습하였다.

이렇게 기본적인 이론을 정하고 나니 선 연습의 단계가 머릿속에 그려졌고 선연습의 체계화 단계가 만들어졌다.

기본 연습은 손모양을 잡아주는 기본 연습 단계이다. 13단계로 구분하였다.
세로방향이 우선이 된다. 손의 구조, 손가락 근육의 움직임, 힘의 진행 역학적 관계에 의해서 난이도를 고려하였다. 세로가 가로보다 쉽다. 흐름 결 등에 의해서다.

1. 4시 방향 우하향 사선 연습 기본(세로 진행) : 손의 세로 평행이동을 연습하며, 손목 고정연습이다. 손목이 고정되어야 힘을 받아서 잘 쓸 수 있다. 자연스러운 형태가 된다. **어깨와 팔꿈치의 움직임**도 고려해야 한다. 길이는 4cm 정도 되어야 손의 힘을 기르고 자연스러운 습관화를 만든다. 일자를 표시하여 변화상태를 알 수 있게 한다.

2. 4시 방향 우하향 사선 연습 많이(세로 진행) : 연습을 많이 하기 위해 제작하였다.

3. 8시(2시) 방향 우상향 사선 연습 기본(세로 진행) : 손의 세로 평행이동을 연습하며, 손목 고정연습이다. 손목이 고정되어야 힘을 받아서 잘 쓸 수 있다. 자연스러운 형태가 된다. **어깨와 팔꿈치의 움직임**도 고려해야 한다. 길이는 4cm 정도 되어야 손의 힘을 기르고 자연스러운 습관화를 만든다. 일자를 표시하여 변화상태를 알 수 있게 한다.

4. 8시(2시) 방향 우상향 사선 연습 많이(세로 진행) : 연습을 많이 하기 위해 제작하였다.

5. 4시 방향 우하향 사선 연습(가로 진행) : 손의 가로 평행이동을 연습하며, 손목 고정연습이다. 손목이 고정되어야 힘을 받아서 잘 쓸 수 있다. 자연스러운 형태가 된다. **어깨와 팔꿈치의 움직임**도 고려해야 한다. 길이는 4cm 정도 되어야 손의 힘을 기르고 자연스러운 습관화를 만든다.
가로이동 연습이 된다.

6. 8시(2시) 방향 우상향 사선 연습(가로 진행) : 손의 가로 평행이동을 연습하며, 손목 고정연습이다. 손목이 고정되어야 힘을 받아서 잘 쓸 수 있다. 자연스러운 형태가 된다. **어깨와 팔꿈치의 움직임**도 고려해야 한다. 길이는 4cm 정도 되어야 손의 힘을 기르고 자연스러운 습관화를 만든다.

가로이동 연습이 된다.

7. 4시 방향 우하향 사선 8시(2시) 방향 우상향 사선 연속 연습 : 글씨를 쓰다보면 꺾이는 부분이 있다. 이때 바른 연필잡기 모양이 변형되는 경우가 있다. 이 현상을 극복하기 위해 하는 연습이다.(8번에 비해 난이도가 쉬움)

8. 8시(2시) 방향 우상향 사선 4시 방향 우하향 사선 연속 연습 : 7번과 비슷한 꺾이는 것에 대비한 연습이다.(해보면 7번에 비해 난이도가 어렵다는 것을 발견할 수 있다.)

9. 긴선 세로 연습 : 긴 선 연습이다. 우리가 글씨에서 사용하는 선은 수직선이 많기 때문이다. 응용으로 들어가지 전에 연습하면 된다. 손, 손가락, 손목, 팔꿈치, 어깨 등 종합적으로 자세와 움직임을 점검한다.

10. 긴선 가로 연습 : 기본선의 마지막 단계이다. 신체의 구조상 가로선이 세로선보다는 어렵다. 응용으로 들어가지 전에 연습하면 된다. 손, 손가락, 손목, 팔꿈치, 어깨 등 종합적으로 자세와 움직임을 점검한다.

11. 사선 연습 종합 : 4cm 길이의 사선 종합 연습편이다.

12. 세로선 가로선 연습 종합 : 4cm 길이의 세로선 가로선 종합 연습편이다.

13. 4cm선 연습 종합 : 기본선에 등장하는 모든 선의 종합 연습편이다.

기본선들 연습은 바른 연필잡기를 해주는 기본연습이다. 어느 정도 되면 응용 선 연습을 하면 된다. 터덕이는 느낌이 들 수도 있지만, 조금만 연습하면 글씨쓰는 단계로 들어갈 수 있다.

바른 연필잡기의 삼각별을 생각하며, **만년필은 4시방향이 되게** 〈TBW〉

유튜브에 '<u>탁바위</u>'를 검색하세요 명인 백락 오영식   바른 연필잡기 The Meister 名人 伯樂 吳榮植

바른 연필잡기의 삼각별을 생각하며, **만년필은 4시방향이 되게** 〈TBW〉

1-1. 4시 방향 세로 사선 연습 : 적당한 연습	202 . . .( )
손의 세로 이동 연습	이름 :

바른 연필잡기의 삼각별을 생각하며, **만년필은 4시방향이 되게** 〈TBW〉

바른 연필잡기 The Meister 名人 伯樂 吳榮植

바른 연필잡기의 삼각별을 생각하며, **만년필은 4시방향이 되게 〈TBW〉**

1-1. 4시 방향 세로 사선 연습 : 적당한 연습 　　손의 세로 이동 연습	202 ． ． ．(　)
	이름 :

바른 연필잡기의 삼각별을 생각하며, **만년필은 4시방향이 되게** 〈TBW〉

유튜브에 '<u>탁바위</u>'를 검색하세요 명인 백락 오영식   바른 연필잡기 The Meister 名人 伯樂 吳榮植

바른 연필잡기의 삼각별을 생각하며, **만년필은 4시방향이 되게 〈TBW〉**

1-2. 4시 방향 세로 사선 연습 : 많은 연습	202 . . .( )
손의 세로 이동 연습	이름 :

본 연습지는 2012년부터 오랜 시간 무단한 고민과 연구를 통해 바른 연필잡기의 긍정적인 면이 숨을 쉬는 것처럼
자연스럽게 습관화 되도록 단계별로 개발되었습니다. 영리를 추구하거나 상업적인 목적으로 사용하는 것을 금지합니다.

바른 연필잡기의 삼각별을 생각하며, **만년필은 4시방향이 되게** 〈TBW〉

유튜브에 '탁바위'를 검색하세요 명인 백락 오영식   - 26 -   바른 연필잡기 The Meister 名人 伯樂 吳榮植

바른 연필잡기의 삼각별을 생각하며, **만년필은 4시방향이 되게** 〈TBW〉

바른 연필잡기의 삼각별을 생각하며, **만년필은 4시방향이 되게** 〈TBW〉

1-3. 2시 방향 세로 사선 연습 : 적당한 연습	202 . . .( )
손의 세로 이동 연습	이름 :

바른 연필잡기의 삼각별을 생각하며, **만년필은 4시방향이 되게** 〈TBW〉

1-3. 2시 방향 세로 사선 연습 : 적당한 연습
손의 세로 이동 연습

202 . . .( )

이름 :

바른 연필잡기의 삼각별을 생각하며, **만년필은 4시방향이 되게** 〈TBW〉

1-4. 2시 방향 세로 사선 연습 : 많은 연습	202 . . .( )
손의 세로 이동 연습	이름 :

바른 연필잡기의 삼각별을 생각하며, **만년필은 4시방향이 되게** 〈TBW〉

유튜브에 '<u>탁바위</u>'를 검색하세요 명인 백락 오영식　- 34 -　바른 연필잡기 The Meister 名人 伯樂 吳榮植

바른 연필잡기의 삼각별을 생각하며, **만년필은 4시방향이 되게 〈TBW〉**

1-4. 2시 방향 세로 사선 연습 : 많은 연습	202 . . .( )
손의 세로 이동 연습	이름 :

본 연습지는 2012년부터 오랜 시간 무단한 고민과 연구를 통해 바른 연필잡기의 긍정적인 면이 숨을 쉬는 것처럼 자연스럽게 습관화 되도록 단계별로 개발되었습니다. 영리를 추구하거나 상업적인 목적으로 사용하는 것을 금지합니다.

유튜브에 '탁바위'를 검색하세요 명인 백락 오영식 - 35 - 바른 연필잡기 The Meister 名人 伯樂 吳榮植

바른 연필잡기의 삼각별을 생각하며, **만년필은 4시방향이 되게** 〈TBW〉

바른 연필잡기의 삼각별을 생각하며, **만년필은 4시방향이 되게** 〈TBW〉

본 연습지는 2012년부터 오랜 시간 무단한 고민과 연구를 통해 바른 연필잡기의 긍정적인 면이 숨을 쉬는 것처럼
자연스럽게 습관화 되도록 단계별로 개발되었습니다. 영리를 추구하거나 상업적인 목적으로 사용하는 것을 금지합니다.
유튜브에 '탁바위'를 검색하세요 명인 백락 오영식   - 38 -   바른 연필잡기 The Meister 名人 伯樂 吳榮植

바른 연필잡기의 삼각별을 생각하며, **만년필은 4시방향이 되게** 〈TBW〉

 바른 연필잡기 The Meister 名人 伯樂 吳榮植

1-6. 2시 방향 가로 사선 연습 : 손의 오른쪽 이동 연습

202 . . .( )

이름 :

본 연습지는 2012년부터 오랜 시간 무단한 고민과 연구를 통해 바른 연필잡기의 긍정적인 면이 숨을 쉬는 것처럼
자연스럽게 습관화 되도록 단계별로 개발되었습니다. 영리를 추구하거나 상업적인 목적으로 사용하는 것을 금지합니다.

유튜브에 '탁바위'를 검색하세요 명인 백락 오영식   - 41 -   바른 연필잡기 The Meister 名人 伯樂 吳榮植

바른 연필잡기의 삼각별을 생각하며, **만년필은 4시방향이 되게** 〈TBW〉

유튜브에 '<u>탁바위</u>'를 검색하세요 명인 백락 오영식   바른 연필잡기 The Meister 名人 伯樂 吳榮植

1-6. 2시 방향 가로 사선 연습 : 손의 오른쪽 이동 연습	202 . . .( )
	이름 :

바른 연필잡기의 삼각별을 생각하며, **만년필은 4시방향이 되게** 〈TBW〉

유튜브에 '탁바위'를 검색하세요 명인 백락 오영식 바른 연필잡기 The Meister 名人 伯樂 吳榮植

바른 연필잡기의 삼각별을 생각하며, **만년필은 4시방향이 되게** 〈TBW〉

1-7. 4시 방향 사선 2시 방향 사선 연속 연습 : 펜의 방향 전환	202 . . .( )
4시 이후 2시 연습이 난이도가 쉬움	이름 :

본 연습지는 2012년부터 오랜 시간 무단한 고민과 연구를 통해 바른 연필잡기의 긍정적인 면이 숨을 쉬는 것처럼
자연스럽게 습관화 되도록 단계별로 개발되었습니다. 영리를 추구하거나 상업적인 목적으로 사용하는 것을 금지합니다.

유튜브에 '탁바위'를 검색하세요 명인 백락 오영식   - 45 -   바른 연필잡기 The Meister 名人 伯樂 吳榮植

바른 연필잡기의 삼각별을 생각하며, **만년필은 4시방향이 되게** 〈TBW〉

본 연습지는 2012년부터 오랜 시간 무단한 고민과 연구를 통해 바른 연필잡기의 긍정적인 면이 숨을 쉬는 것처럼
자연스럽게 습관화 되도록 단계별로 개발되었습니다. 영리를 추구하거나 상업적인 목적으로 사용하는 것을 금지합니다.

1-7. 4시 방향 사선 2시 방향 사선 연속 연습 : 펜의 방향 전환

4시 이후 2시 연습이 난이도가 쉬움

202 .   .   .(   )

이름 :

바른 연필잡기의 삼각별을 생각하며, **만년필은 4시방향이 되게** 〈TBW〉

1-8. 2시 방향 사선 4시 방향 사선 연속 연습 : 펜의 방향 전환 　　2시 이후 4시 연습이 난이도가 어려움	202 ． ． ．( ) 이름 :

바른 연필잡기의 삼각별을 생각하며, **만년필은 4시방향이 되게** 〈TBW〉

유튜브에 '<u>탁바위</u>'를 검색하세요 명인 백락 오영식   바른 연필잡기 The Meister 名人 伯樂 吳榮植

1-8. 2시 방향 사선 4시 방향 사선 연속 연습 : 펜의 방향 전환	202 . . .( )
2시 이후 4시 연습이 난이도가 어려움	이름 :

바른 연필잡기의 삼각별을 생각하며, **만년필은 4시방향이 되게** 〈TBW〉

1-9. 긴 세로선 연습 : 손목의 흔들림이 없이 연습	202 . . .( )
선의 길이는 4cm 이상은 되어야 함.	이름 :

바른 연필잡기의 삼각별을 생각하며, **만년필은 4시방향이 되게** 〈TBW〉

바른 연필잡기의 삼각별을 생각하며, **만년필은 4시방향이 되게** 〈TBW〉

1-9. 긴 세로선 연습 : 손목의 흔들림이 없이 연습	202 . . .( )
선의 길이는 4cm 이상은 되어야 함.	이름 :

바른 연필잡기의 삼각별을 생각하며, **만년필은 4시방향이 되게** 〈TBW〉

바른 연필잡기의 삼각별을 생각하며, **만년필은 4시방향이 되게** 〈TBW〉

1-10. 긴 가로선 연습 : 손목의 흔들림이 없이 연습 선의 길이는 4cm 이상은 되어야 함.	202 . . ( ) 이름 :

바른 연필잡기의 삼각별을 생각하며, **만년필은 4시방향이 되게** 〈TBW〉

1-10. 긴 가로선 연습 : 손목의 흔들림이 없이 연습	202 . . .( )
선의 길이는 4cm 이상은 되어야 함.	이름 :

바른 연필잡기의 삼각별을 생각하며, **만년필은 4시방향이 되게** 〈TBW〉

유튜브에 '탁바위'를 검색하세요 명인 백락 오영식   바른 연필잡기 The Meister 名人 伯樂 吳榮植

1-11. 4cm 사선 종합 모음

202 . . .( )

이름 :

바른 연필잡기의 삼각별을 생각하며, **만년필은 4시방향이 되게** 〈TBW〉

본 연습지는 2012년부터 오랜 시간 무단한 고민과 연구를 통해 바른 연필잡기의 긍정적인 면이 숨을 쉬는 것처럼
자연스럽게 습관화 되도록 단계별로 개발되었습니다. 영리를 추구하거나 상업적인 목적으로 사용하는 것을 금지합니다.

유튜브에 '탁바위'를 검색하세요 명인 백락 오영식   - 62 -   바른 연필잡기 The Meister 名人 伯樂 吳榮植

1-11. 4cm 사선 종합 모음	202 . . .( )
	이름 :

바른 연필잡기의 삼각별을 생각하며, **만년필은 4시방향이 되게** 〈TBW〉

- 64 -   바른 연필잡기 The Meister 名人 伯樂 吳榮植

바른 연필잡기의 삼각별을 생각하며, **만년필은 4시방향이 되게** 〈TBW〉

1-12. 긴 세로선 긴 가로선 종합 연습 : 손목의 흔들림이 없이 연습 선의 길이는 4cm 이상은 되어야 함.	202 . . .( ) 이름 :

바른 연필잡기의 삼각별을 생각하며, **만년필은 4시방향이 되게** 〈TBW〉

바른 연필잡기의 삼각별을 생각하며, **만년필은 4시방향이 되게** 〈TBW〉

1-12. 긴 세로선 긴 가로선 종합 연습 : 손목의 흔들림이 없이 연습 선의 길이는 4cm 이상은 되어야 함.	202 . . .( ) 이름 :

바른 연필잡기의 삼각별을 생각하며, **만년필은 4시방향이 되게** 〈TBW〉

바른 연필잡기의 삼각별을 생각하며, **만년필은 4시방향이 되게** 〈TBW〉

1-13. 4cm 직선 종합 모음	202 . . .( )
	이름 :

바른 연필잡기의 삼각별을 생각하며, **만년필은 4시방향이 되게** 〈TBW〉

바른 연필잡기의 삼각별을 생각하며, **만년필은 4시방향이 되게** 〈TBW〉

1-13. 4cm 직선 종합 모음	202 . . .( )
	이름 :

유튜브에 '탁바위'를 검색하세요 명인 백락 오영식 바른 연필잡기 The Meister 名人 伯樂 吳榮植

바른 연필잡기의 삼각별을 생각하며, **만년필은 4시방향이 되게** 〈TBW〉

II. 응용 선 연습

손 모양이 어느 정도 되면 응용 선 연습을 한다. 실제 한글을 쓰다보면 필요한 선들이 있다. 그 선들과 비슷한 크기의 연습, 운필 등을 해야 한다. 그래서 선 연습을 1장에서 연습한 기본 선 연습을 하고, 지금 2장에서 응용 선 연습을 하여 실제 글씨 쓰기에 비슷한 연습을 한다.

'ㄴ' 과 'ㄱ'의 순서도 고민을 하였다. 세로획과 가로획의 혼합형인데 세로획이 쉽다는 결론을 얻었다. 세로선 후 가로선인 'ㄴ'을 'ㄱ'보다 먼저 연습한다. 손의 모양과 손가락 근육의 진행 때문에 ㄴ이 ㄱ보다 쉽다. 손가락 근육은 오므리기에 적당하다. 관절의 특성상 옆으로 움직일 수는 없다. 세로획은 손가락 근육을 사용하고 가로획은 손목을 사용한다. 손목을 사용하기는 하나 손목은 1mm이하 손가락 끝은 2mm이하 연필 끝은 3mm이하로 움직인다. 손목을 기준으로 보면 거의 움직이지 않는다. 원리는 부채꼴에서 반지름과 호의 길이의 원리라고 보면 된다.

전체적으로 짧은 선을 연습한다. 여기에서는 손가락 당기기도 연습을 한다. 손가락 당기기는 아주 조금 움직인다. 1mm 정도 움직이면 해결된다.

10~12단계로 구분하였고, 매일 연습하면 된다.

응용 선 연습의 큰 아이디어 틀은 다음과 같다.

- 실제 한글을 쓰다보면 6~8mm 정도의 직선이 많이 쓰이므로 실제에 가까운 연습이다.
- 기본적인 손 모양이 정착화 되면, 실제 글씨를 쓸 때 많이 사용되는 선의 연습을 시작한다.
- **짧은 선은 많이 연습해야한다.** 한글의 기본 선이기 때문이다. 하루에 1,000개~2,000개 정도 하면 된다. 많아 보이는데 10분~20분 정도 하면 된다. 그리고 익숙해지면 줄여도 된다.
- 3 3 3 연습법 : 6~8mm의 짧은 세로선과 가로선을 연습할 때 사용된다. 선 3개를 그리고 손을 이동해서 연습하는 방법이다. 이때 손의 이동 및 손의 평행 이동도 연습된다.
- 2 2 2 2 연습법 (2 3 3 1 연습법 : 3개가 조금 많게 느껴지는 사람들에게는

2개 연습이 3번, 3번 연습이 1번 하는 것)도 좋은 방법이다.
 - 손의 평행이동을 신경써야 하며 손목이 틀어지지 않도록 주의한다.
 - 손가락 당기기는 미세하게 이루어져야 한다.
 - ㄴ ㄱ　ㅅ ㅈ ㅊ　ㅊ ㅎ 의 획의 특성을 연습한다.

　1. 직선 6~8mm 세로 연습 : 손의 세로선 사용이 익숙하게 하는 연습이다. **손가락을 사용하는 연습**이 필요하다. 2~3개씩 가로로 이동하면서 연습한다. 글씨 1개의 간격이다. 하나씩 이동하면서 연습하는 것도 좋다.
　주의 사항은 연필이 60도에서 누울수록 콤파스의 원리에 의해서 세로획 끝이 오른쪽으로 휜다.
　2. 직선 6~8mm 가로로 연습 : 손의 가로선 사용이 익숙하게 하는 연습이다. **손목을 사용하는 연습**이 필요하다. 2~3개씩 세로로 이동하면서 연습한다.
　주의 사항은 연필이 60도에서 누울수록 콤파스의 원리에 의해서 가로획 끝이 위쪽으로 휜다.
　3. 직선 6mm 가로 세로 혼합 연습 : 어느 정도 연습이 되었으면 편하게 골라서 연습할 수 있도록 제작하였다.

1	3
2	4	4번에서 8번까지 연습 순서 이다.

한글의 구조상 |1|2|/|3|4| 보다는 |1|3|/|2|4|이 좋다.
　4. ㄴ 연습 : 세로 후 가로 연습이다. 연결 동작 연습을 위해서 만들었다.
　5. ㄱ 연습 : 가로 후 세로 연습이다. ㄴ에 비해 ㄱ이 난이도가 있다.
　6. / 연습 : ㅅ ㅈ ㅊ 의 비스듬한 선 연습 : 손가락의 운행이 역행한다. 그러나 거의 1mm수준이다. ㄱ ㅅ ㅈ ㅊ 등의 완벽한 자음을 연습하면 좋다.
　7. ＼ 연습 : ㅅ ㅈ ㅊ 의 비스듬한 선 연습 : 손가락 당기기가 필요하다. 손가락이 아주 조금 움직인다. 1mm정도 이다. ㅅ ㅈ ㅊ 등의 완벽한 자음을 연습하면 좋다.
　8. ＼ 연습 : ㅊ ㅎ 의 첫 획 연습 : 손가락 당기기가 필요하다. 손가락이 아주 조금 움직인다. 1mm정도 보다 조금 이다. ㅊ ㅎ 등의 완벽한 자음을 연습하면 좋다.

　9. 종합 연습 1
　10. 종합 연습 2
　11. 아이디어 기본 틀

바른 연필잡기의 삼각별을 생각하며, **만년필은 4시방향이 되게 〈TBW〉**

2-1. 짧은 선 세로 연습 : 3.3.3 연습, 선긋기 및 손의 이동 연습 　6~8mm선을 가로로 3개씩 끊어서 연습	202 ． ． ．( )
	이름 :

본 연습지는 2012년부터 오랜 시간 무단한 고민과 연구를 통해 바른 연필잡기의 긍정적인 면이 숨을 쉬는 것처럼 자연스럽게 습관화 되도록 단계별로 개발되었습니다. 영리를 추구하거나 상업적인 목적으로 사용하는 것을 금지합니다.

바른 연필잡기의 삼각별을 생각하며, **만년필은 4시방향이 되게** 〈TBW〉

본 연습지는 2012년부터 오랜 시간 무단한 고민과 연구를 통해 바른 연필잡기의 긍정적인 면이 숨을 쉬는 것처럼
자연스럽게 습관화 되도록 단계별로 개발되었습니다. 영리를 추구하거나 상업적인 목적으로 사용하는 것을 금지합니다.

바른 연필잡기의 삼각별을 생각하며, **만년필은 4시방향이 되게** 〈TBW〉

2-1. 짧은 선 세로 연습 : 3.3.3 연습, 선긋기 및 손의 이동 연습 　　6~8mm선을 가로로 3개씩 끊어서 연습	202　.　　.　　.(　　)
	이름 :

바른 연필잡기의 삼각별을 생각하며, **만년필은 4시방향이 되게** ⟨TBW⟩

 바른 연필잡기 The Meister 名人 伯樂 吳榮植

바른 연필잡기의 삼각별을 생각하며, **만년필은 4시방향이 되게** 〈TBW〉

바른 연필잡기의 삼각별을 생각하며, **만년필은 4시방향이 되게** 〈TBW〉

유튜브에 '탁바위'를 검색하세요 명인 백락 오영식   - 81 -   바른 연필잡기 The Meister 名人 伯樂 吳榮植

바른 연필잡기의 삼각별을 생각하며, **만년필은 4시방향이 되게** 〈TBW〉

유튜브에 '<u>탁바위</u>'를 검색하세요 명인 백락 오영식   바른 연필잡기 The Meister 名人 伯樂 吳榮植

바른 연필잡기의 삼각별을 생각하며, **만년필은 4시방향이 되게** 〈TBW〉

2-3. 짧은 선 세로 가로 혼합 연습 : 3.3.3 연습, 선긋기 및 손의 이동 연습, 6~8mm선을 자유롭게 3개씩 끊어서 연습	202 . . .( ) 이름 :

본 연습지는 2012년부터 오랜 시간 무단한 고민과 연구를 통해 바른 연필잡기의 긍정적인 면이 숨을 쉬는 것처럼 자연스럽게 습관화 되도록 단계별로 개발되었습니다. 영리를 추구하거나 상업적인 목적으로 사용하는 것을 금지합니다.
유튜브에 '탁바위'를 검색하세요 명인 백락 오영식   - 83 -   바른 연필잡기 The Meister 名人 伯樂 吳榮植

바른 연필잡기의 삼각별을 생각하며, **만년필은 4시방향이 되게** 〈TBW〉

유튜브에 '탁바위'를 검색하세요 명인 백락 오영식   - 84 -   바른 연필잡기 The Meister 名人 伯樂 吳榮植

2-3. 짧은 선 세로 가로 혼합 연습 : 3.3.3 연습, 선긋기 및 손의 이동 연습, 6~8mm선을 자유롭게 3개씩 끊어서 연습	202 . . .( ) 이름 :

본 연습지는 2012년부터 오랜 시간 무단한 고민과 연구를 통해 바른 연필잡기의 긍정적인 면이 숨을 쉬는 것처럼 자연스럽게 습관화 되도록 단계별로 개발되었습니다. 영리를 추구하거나 상업적인 목적으로 사용하는 것을 금지합니다.

유튜브에 '탁바위'를 검색하세요 명인 백락 오영식   - 85 -   바른 연필잡기 The Meister 名人 伯樂 吳榮植

바른 연필잡기의 삼각별을 생각하며, **만년필은 4시방향이 되게** 〈TBW〉

유튜브에 '탁바위'를 검색하세요 명인 백락 오영식   바른 연필잡기 The Meister 名人 伯樂 吳榮植

2-4. ㄴ 연습 : 선긋기 및 손의 이동 연습, 세로 2개 연습 후 가로로 이동 연습 8~9 point 셀크기 3.95 4.00	202 . . .( )
	이름 :

바른 연필잡기의 삼각별을 생각하며, **만년필은 4시방향이 되게** 〈TBW〉

2-4. ㄴ 연습 : 선긋기 및 손의 이동 연습, 세로 2개 연습 후 가로로 이동 연습 8~9 point 셀크기 3.95 4.00	202 . . .( ) 이름 :

유튜브에 '**탁바위**'를 검색하세요 명인 백락 오영식   - 89 -   바른 연필잡기 The Meister 名人 伯樂 **吳榮植**

바른 연필잡기의 삼각별을 생각하며, **만년필은 4시방향이 되게 〈TBW〉**

2-5. ㄱ 연습 : 선긋기 및 손의 이동 연습, 세로 후 가로 연습	202 . . .( )
8~9 point 셀크기 3.95 4.00	이름 :

본 연습지는 2012년부터 오랜 시간 무단한 고민과 연구를 통해 바른 연필잡기의 긍정적인 면이 숨을 쉬는 것처럼
자연스럽게 습관화 되도록 단계별로 개발되었습니다. 영리를 추구하거나 상업적인 목적으로 사용하는 것을 금지합니다.

유튜브에 '탁바위'를 검색하세요 명인 백락 오영식   - 91 -   바른 연필잡기 The Meister 名人 伯樂 吳榮植

바른 연필잡기의 삼각별을 생각하며, **만년필은 4시방향이 되게** 〈TBW〉

본 연습지는 2012년부터 오랜 시간 무단한 고민과 연구를 통해 바른 연필잡기의 긍정적인 면이 숨을 쉬는 것처럼
자연스럽게 습관화 되도록 단계별로 개발되었습니다. 영리를 추구하거나 상업적인 목적으로 사용하는 것을 금지합니다.

바른 연필잡기의 삼각별을 생각하며, **만년필은 4시방향이 되게** 〈TBW〉

ㄱㄱ ㄱㄱ ㄱㄱ ㄱㄱ   ㄱㄱ ㄱㄱ ㄱㄱ ㄱㄱ   ㄱㄱ ㄱㄱ ㄱㄱ ㄱㄱ   ㄱㄱ ㄱㄱ ㄱㄱ ㄱㄱ

바른 연필잡기의 삼각별을 생각하며, **만년필은 4시방향이 되게** 〈TBW〉

       바른 연필잡기 The Meister 名人 伯樂 吳榮植

바른 연필잡기의 삼각별을 생각하며, **만년필은 4시방향이 되게** 〈TBW〉

2-6. **／** 연습 : ㅅ, ㅈ, ㅊ, 선긋기 및 손의 이동 연습, 2~3mm선 을 가로로 위 아래 위 아래 의 순서로 끊어서 연습 6point 장평 160	202 . . .( ) 이름 :

본 연습지는 2012년부터 오랜 시간 무단한 고민과 연구를 통해 바른 연필잡기의 긍정적인 면이 숨을 쉬는 것처럼
자연스럽게 습관화 되도록 단계별로 개발되었습니다. 영리를 추구하거나 상업적인 목적으로 사용하는 것을 금지합니다.

유튜브에 '탁바위'를 검색하세요 명인 백락 오영식   - 95 -   바른 연필잡기 The Meister 名人 伯樂 吳榮植

바른 연필잡기의 삼각별을 생각하며, **만년필은 4시방향이 되게** 〈TBW〉

바른 연필잡기의 삼각별을 생각하며, **만년필은 4시방향이 되게** 〈TBW〉

2-6. **/** 연습 : ㅅ, ㅈ, ㅊ,　선긋기 및 손의 이동 연습,　2~3mm선 을 가로로 위 아래 위 아래 의 순서로 끊어서 연습 6point 장평 160

202 ． ． ．(　)

이름 :

바른 연필잡기의 삼각별을 생각하며, **만년필은 4시방향이 되게 〈TBW〉**

바른 연필잡기의 삼각별을 생각하며, **만년필은 4시방향이 되게** 〈TBW〉

2-7. ＼ 연습 : ㅅ ㅈ ㅊ 의 짧은 선 연습	202 . . .( )
함초롱바탕 3point 장평 200	이름 :

본 연습지는 2012년부터 오랜 시간 무단한 고민과 연구를 통해 바른 연필잡기의 긍정적인 면이 숨을 쉬는 것처럼 자연스럽게 습관화 되도록 단계별로 개발되었습니다. 영리를 추구하거나 상업적인 목적으로 사용하는 것을 금지합니다.

유튜브에 '탁바위'를 검색하세요 명인 백락 오영식   - 99 -   바른 연필잡기 The Meister 名人 伯樂 吳榮植

바른 연필잡기의 삼각별을 생각하며, **만년필은 4시방향이 되게** 〈TBW〉

유튜브에 '탁바위'를 검색하세요 명인 백락 오영식   - 100 - 바른 연필잡기 The Meister 名人 伯樂 吳榮植

바른 연필잡기의 삼각별을 생각하며, **만년필은 4시방향이 되게** 〈TBW〉

2-7. ╲ 연습 : ㅅ ㅈ ㅊ 의 짧은 선 연습	202 . . . ( )
함초롱바탕 3point 장평 200	이름 :

유튜브에 '탁바위'를 검색하세요 명인 백락 오영식 바른 연필잡기 The Meister 名人 伯樂 吳榮植

바른 연필잡기의 삼각별을 생각하며, **만년필은 4시방향이 되게** 〈TBW〉

바른 연필잡기의 삼각별을 생각하며, **만년필은 4시방향이 되게** 〈TBW〉

본 연습지는 2012년부터 오랜 시간 무단한 고민과 연구를 통해 바른 연필잡기의 긍정적인 면이 숨을 쉬는 것처럼
자연스럽게 습관화 되도록 단계별로 개발되었습니다. 영리를 추구하거나 상업적인 목적으로 사용하는 것을 금지합니다.

유튜브에 '**탁바위**'를 검색하세요 명인 백락 오영식   - 103 -   바른 연필잡기 The Meister 名人 伯樂 吳榮植

바른 연필잡기의 삼각별을 생각하며, **만년필은 4시방향이 되게** 〈TBW〉

2-8. ╲ 짧게 연습 : ㅊ ㅎ 의 짧은 선 연습	202 . . .( )
함초롱바탕 1~2point 장평 200	이름 :

유튜브에 '탁바위'를 검색하세요 명인 백락 오영식   - 105 - 바른 연필잡기 The Meister 名人 伯樂 吳榮植

바른 연필잡기의 삼각별을 생각하며, **만년필은 4시방향이 되게** 〈TBW〉

유튜브에 '탁바위'를 검색하세요 명인 백락 오영식 바른 연필잡기 The Meister 名人 伯樂 吳榮植

바른 연필잡기의 삼각별을 생각하며, **만년필은 4시방향이 되게** 〈TBW〉

바른 연필잡기의 삼각별을 생각하며, **만년필은 4시방향이 되게** 〈TBW〉

 바른 연필잡기 The Meister 名人 伯樂 吳榮植

2-9. ╱, ╲, ╲ 짧게 연습 : 종합 연습	202 . . .( )
	이름 :

바른 연필잡기의 삼각별을 생각하며, **만년필은 4시방향이 되게** 〈TBW〉

바른 연필잡기의 삼각별을 생각하며, **만년필은 4시방향이 되게** 〈TBW〉

2-10. ㄴ, ㄱ /, ＼, ＼ 짧게 연습 짧게 연습 : 종합 연습

202 . . .( )

이름 :

바른 연필잡기의 삼각별을 생각하며, **만년필은 4시방향이 되게** ⟨TBW⟩

유튜브에 '<u>탁바위</u>'를 검색하세요 명인 백락 오영식 바른 연필잡기 The Meister 名人 伯樂 吳榮植

바른 연필잡기의 삼각별을 생각하며, **만년필은 4시방향이** 되게 〈TBW〉

2-11. 기본틀 함초롱 바탕 크기 10point 이하	202 . . .( )
너비 3.95 높이 : 4.00 표 안여백 : 모두 0	이름 :

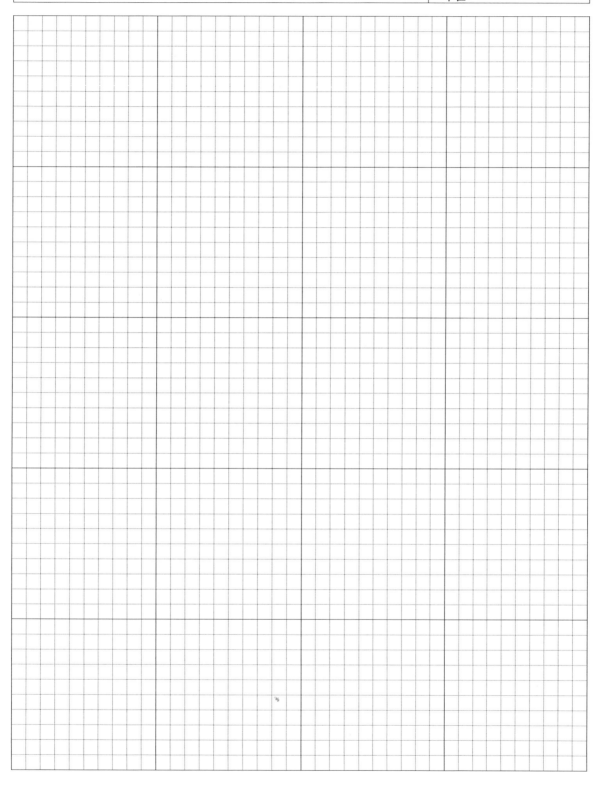

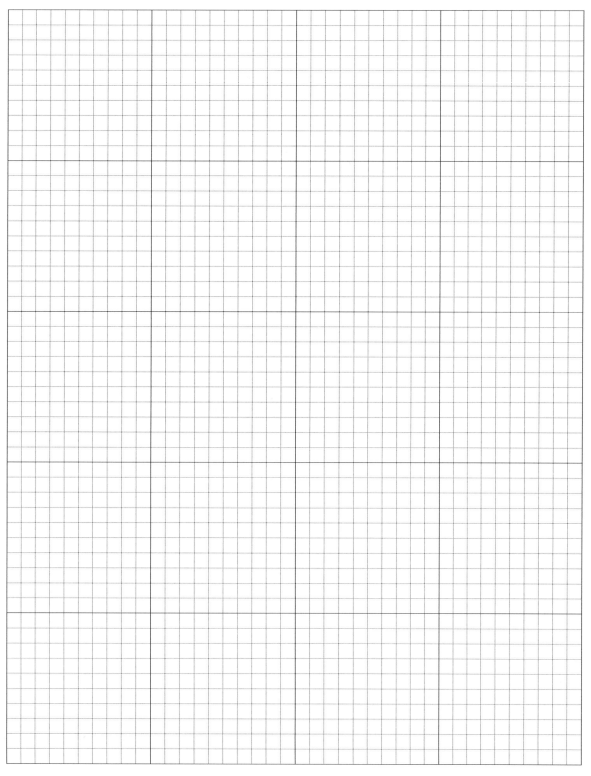

본 연습지는 2012년부터 오랜 시간 무단한 고민과 연구를 통해 바른 연필잡기의 긍정적인 면이 숨을 쉬는 것처럼 자연스럽게 습관화 되도록 단계별로 개발되었습니다. 영리를 추구하거나 상업적인 목적으로 사용하는 것을 금지합니다.

유튜브에 '탁바위'를 검색하세요 명인 백락 오영식 - 117 - 바른 연필잡기 The Meister 名人 伯樂 吳榮植

바른 연필잡기의 삼각별을 생각하며, **만년필은 4시방향이 되게** 〈TBW〉

Ⅲ. 흐름 결 느끼기 연습
: 한자 이용편(실제 연습 전단계)

- 한자 큰 글자 연습 永 我 : 글씨를 예쁘게 쓰는 것이 목표가 아니라 운필의 느낌을 알기 위해서 연습하는 것이다. 손목이 꺾이지 않도록 주의해야 하며, 약간의 미세한 손가락 당기기가 필요하다.

작은 글씨의 연습

- 처음에는 글씨를 제시하고 그냥 연습했었다. 그러나 글씨가 늘지 않았다. 여기서 배워야 할 것은 속도감, 펜의 방향, 손목의 회전, 손가락 끝의 움직임, 힘의 강약 등이다. 그래서 글씨를 제시하고 따라 쓰기를 연습했다. 그럴듯하게 글씨가 되었는데 막상 다른 곳에 써보니, 역시 운필 등 요소가 부족했다. 그래서 빈칸을 만들어 글씨 쓰는 연습을 했다. 여기까지는 작은 글씨 연습이었다.

- 영화 '태양을 가득히'를 보면 프랑스의 세계적인 미남 배우 알랑 드롱이 큰 글씨를 연습하는 것을 볼 수 있다. OHP와 같은 기계를 사용하여 벽에 비추고 서명을 확대하고 연습한다. 알랑 드롱은 친구의 서명을 위조하기 위해서 연습했지만 운필 및 흐름을 따라하기에는 좋은 연습인 것 같다.

그래서 큰 글씨의 연습

작은 글씨의 연습을 하면서 익힌 노하우로 따라쓰기를 연습했다. 그리고 연습을 하면서 따라 쓰기의 칸을 줄이고 연습하였다.

한자를 주로 쓰는 중화권에서 한자 쓰기 연습하는 모습을 살펴보았다. 중화권은 한자를 주로 쓰기 때문에 나름대로의 한자를 바르게 쓰기 위한 필요한 공책을 연구하여, 적당한 공책이 있었다. 그래서 '米'자 공책을 도입하였다.

정식 이름 米字格, 回字格 方字格, 九宮格, 十字格 등 모양에 따른 많은 종류의 공책이 있다. 여기서는 米字格(미자격)을 가져왔다.

바른 연필잡기의 삼각별을 생각하며, **만년필은 4시방향이 되게** 〈TBW〉

바른 연필잡기의 삼각별을 생각하며, **만년필은 4시방향이 되게** 〈TBW〉

| 3-1. 永 자 연습 : 선을 연습할 때 손의 운필을 연습할 수 있음. | 202 . . .( ) |
| 한양해서 90 하양 25% 외곽선 | 이름 : |

바른 연필잡기의 삼각별을 생각하며, **만년필은 4시방향이 되게** 〈TBW〉

유튜브에 '탁바위'를 검색하세요 명인 백락 오영식   - 122 - 바른 연필잡기 The Meister 名人 伯樂 吳榮植

3-2. 永 자 연습 : 선을 연습할 때 손의 운필을 연습할 수 있음. 한자 연습 전용 칸을 만들어 연습을 쉽게함.	202 . . .( ) 이름 :

바른 연필잡기의 삼각별을 생각하며, **만년필은 4시방향이 되게** 〈TBW〉

바른 연필잡기의 삼각별을 생각하며, **만년필은 4시방향이 되게** 〈TBW〉

3-3. 永 자 연습 : 선을 연습할 때 손의 운필을 연습할 수 있음. 한자 연습 전용 칸을 만들어 연습을 쉽게함.	202 . . .( ) 이름 :

바른 연필잡기의 삼각별을 생각하며, **만년필은 4시방향이 되게** ⟨TBW⟩

3-4. 永 자 연습 : 선을 연습할 때 손의 운필을 연습할 수 있음.	202 . . .( )
한자 연습 전용 칸을 만들어 연습을 쉽게함. 체본 없이 연습	이름 :

바른 연필잡기의 삼각별을 생각하며, **만년필은 4시방향이 되게** 〈TBW〉

본 연습지는 2012년부터 오랜 시간 무단한 고민과 연구를 통해 바른 연필잡기의 긍정적인 면이 숨을 쉬는 것처럼 자연스럽게 습관화 되도록 단계별로 개발되었습니다. 영리를 추구하거나 상업적인 목적으로 사용하는 것을 금지합니다.

유튜브에 '탁바위'를 검색하세요 명인 백락 오영식　- 129 -　바른 연필잡기 The Meister 名人 伯樂 吳榮植

바른 연필잡기의 삼각별을 생각하며, **만년필은 4시방향이 되게** 〈TBW〉

바른 연필잡기의 삼각별을 생각하며, **만년필은 4시방향이 되게** ⟨TBW⟩

3-6. 我 자 연습 : 선을 연습할 때 손의 운필을 연습할 수 있음.	202 . . .( )
한자 연습 전용 칸을 만들어 연습을 쉽게함	이름 :

| 3-7. 我 자 연습 : 선을 연습할 때 손의 운필을 연습할 수 있음. 한자 연습 전용 칸을 만들어 연습을 쉽게함. | 202 . . .( ) 이름 : |

바른 연필잡기의 삼각별을 생각하며, **만년필은 4시방향이 되게** 〈TBW〉

유튜브에 '탁바위'를 검색하세요 명인 백락 오영식　- 134 -　바른 연필잡기 The Meister 名人 伯樂 吳榮植

| 3-8. 我 자 연습 : 선을 연습할 때 손의 운필을 연습할 수 있음. 한자 연습 전용 칸을 만들어 연습을 쉽게함. 체본 없이 연습 | 202 .   .   .(   ) 이름 : |

바른 연필잡기의 삼각별을 생각하며, **만년필은 4시방향이 되게** 〈TBW〉

유튜브에 '탁바위'를 검색하세요 명인 백락 오영식   바른 연필잡기 The Meister 名人 伯樂 吳榮植

Ⅳ. 글씨 쓰기 연습
: 숫자편(실제 연습) 그리고 영어

드디어 바른 연필잡기를 하면서 처음으로 쓰는 글씨 연습이다. 숫자를 먼저 연습한다. 이유는 다음과 같다. 한글 쓰기 연습하기가 어려운 사람(시간과 노력이 다른 일에 더 필요한 사람 : 여기서는 수험생을 지칭한다.)도 여기는 연습했으면 좋겠다.

다른 장에 비해 이유를 많이 섰다. 연습하는 연습틀의 종류 분량과 이유를 설명하는 개요 부분의 분량이 비슷하지만 중요하다. 영어는 시중에 있는 중학교 이상의 영어 공책을 사용하면 쉽게 사용할 수 있다.

숫자 쓰기는 바른 연필잡기에 있어서 가장 중요한 부분이라고 할 수 있다. 현대 사회가 경제에 의해 많은 것이 구분되어서, 숫자를 잘 못 쓰면 금전거래에서 큰 손해를 입기 때문이라고 생각할 수도 있다. 그러나 숫자가 중요한 이유는 수능이라는 인생에 있어서 가장 중요한 시험이 있기 때문이다. 바른 연필잡기 관점에서 볼 때 국어, 영어, 한자 등의 시험은 수학 시험에 비해 그렇게 중요하지 않다. 실제 연필을 잡고 문제를 해결하는 시간 및 과정이 많지 않기 때문이다. 대부분 문제지에 표시를 하고, OMR 답안지에 마킹을 하는, 중요하지만 생각하는 것 보다는 단순한 과정을 거친다.(물론 OMR 답안지에 마킹을 하는 과정도 바른 연필잡기가 굉장히 중요하다.:실수를 줄일 수 있는 확률이 높음) 수학은 문제지에 문제를 해결하기 위해 계산을 하고, 표시를 하고, OMR 답안지에 마킹하는 과정까지는 비슷하지만 굉장히 중요한 한 단계가 더 추가된다. 바로 계산의 과정이다. 수능에서의 계산의 과정은 다른 연습 종이를 사용할 수 없다. 오로지 주어진 문제지 안에서 해결해야한다. 시험지 공간의 활용, 식의 구조화, 생각의 간략화 등 한편의 종합 예술 활동처럼 진행되어진다.

혹자는 '수학 1문제면 학교가 바뀐다!'라고 말한다. 학교만 바뀌고 진학하려는 과가 유지되면 다행일 수도 있다. 간혹 진학하려는 과도 바뀌는 경우가 있는데, 진학하려는 과가 바뀐다는 것은 인생의 꿈이 바뀐다는 것과 비슷하다. 학교가 바뀌는 것도 사실 큰 문제이다. 꿈을 바꾸지 못해 학교를 바꾸면 그에 따르는 커다란 손실이 있을 수 있다. 만약 서울 소재의 대학에서 꿈을 위해서 학교를 바꾼다면 국립대학교에서 사립대학교로 바꿔야 한다는 것이다. 바뀌어버린 수업료와 함께 바뀌어버린 대학교에 대한 여러 부분들은 인생에 있어서 많은 손해가 된다.

수학을 잘하는 사람들 중에서,

'수학은 머리로만 계산해도 됨!' 이렇게 이야기 하는 사람들이 가끔 있다. 귀찮게 쓰는 것이 중요하냐고, 머리로만으로도 충분히 해결가능 하다고 한다.

그러나, 평소에 수학 공부를 할 때는 상관없지만, 수능과 같이 긴 시간을 집중해야 할 때는, 머리로만 계산을 했을 때, 실수를 할 수 도 있으며, 실수를 했을 때 오류 지점을 찾기도 어렵다. 이렇게 실수를 해버리면, 급격한 아드렐랄린 분비 등으로 리듬이 깨져서 사소한 실수들을 더 많이 만들게 된다. 그리고 무너진다.

그리고 머리로만 했을 때 집중력을 유지하기 위한 피로도가 커진다. 평소 문제풀기와 수능과 같은 중요한 시험을 비교하면 피로도의 억압감 차이는 상상 불가이다. 특히 수능과 같은 중요한 시험은 머리로만 문제를 해결했을 때 더 많은 피로감을 느낀다. 다행히 그 시간 수학 시험을 잘 통과했어도 피로도의 증가를 가져올 수 있고, 이 피로감은 나머지 시험 시간에 영향을 줄 수도 있다.

특히 일정한 실력을 갖춘 동질 집단에서는 실력에 의한 차이보다는, 실수로 인해 승패가 갈리는 경우가 많은데, 다행히 수학 시험 시간을 무사히 넘겼다고 해도, 필요 이상의 과도한 집중과 이로 인한 체력 소비는 다음 시간에 영향을 미칠 수도 있다.

방금 이야기한 것은 수학에만 해당되는 것이 아니다. 시험지에 문제를 푸는 과정에서 잘못된 답안체크 자세는 피로도를 증가 시킨다. 글씨 쓰기도 마찬가지이며, 쉽게 생각하고 진행하는 답안지 마킹의 작업에서도 마찬가지이다.

숫자는 곡선이 많이 사용되기 때문에 글씨 쓰기 영역에서도 난이도가 있는 어려운 작업이다. 난이도의 끝은 숫자 '8'이다. 방향과 시작점을 잘 찾아야 한다. 숫자 '5'는 순서와 방향을 배워야 한다. 숫자의 간격도 고려해야한다.

숫자의 크기와 높이와 너비를 일정하게 유지하는 연습을 하면 깔끔하게 숫자를 쓰고, 식을 전개할 수 있다. 숫자는 교과 학습에 많이 제시된 자릿수를 대비하여 4자리까지는 연습하며, 수능 등에 대비해서 최소 3자리까지는 연습해야한다. 더불어 부호와 함께 수식도 연습하도록 한다. 부호를 날려쓰면 정신도 함께 날라가고, 점수도 함께 날라갈 수 있다.

연습 종이에 한 칸씩 숫자를 연습하고, 부호도 연습한다. 부호 쓰는 순서도 방법이 있다.

'숫자는 부호를 포함해서 특별히 날려쓰지 않도록 한다.'

　여기서 진행되는 숫자 연습은 단계도 3단계로 간단하다. 그래서 숫자 쓰기의 효용은 매우 높고, 습득하기도 매우 쉽고 빠르므로 빨리 마스터 하면 좋겠다. 물론 바른 연필잡기는 유지해야 한다.

　익숙해짐에 따라 난이도를 높여서, 세로 보조선이 없는 2단계에서 연습하고, 마지막 일반 공책 가로 보조선도 없는 곳에서 연습하면 된다. 그리고 시험지의 빈 공간에 직감적으로 좋은 위치를 찾아서 연습하는 것도 필요하다.

1단계 : 칸칸에 숫자쓰기. 일정한 세로 길이를 위해서 상하 크기 연습

2단계 : 상하 크기는 일정하게 하면서 연습

3단계 : 중앙에 숫자가 오게 연습

바른 연필잡기의 삼각별을 생각하며, **만년필은 4시방향이 되게** 〈TBW〉

유튜브에 '<u>탁바위</u>'를 검색하세요 명인 백락 오영식   바른 연필잡기 The Meister 名人 伯樂 吳榮植

바른 연필잡기의 삼각별을 생각하며, **만년필은 4시방향이 되게** ⟨TBW⟩

4-1. 숫자 쓰기 연습 : 칸에 숫자 1개씩 쓰고, 위 아래 보조선에 최대
한 가깝게 쓴다. 실제 숫자 쓰기에 적당한 크기이다.

202 .   .   .(   )

이름 :

본 연습지는 2012년부터 오랜 시간 무단한 고민과 연구를 통해 바른 연필잡기의 긍정적인 면이 숨을 쉬는 것처럼
자연스럽게 습관화 되도록 단계별로 개발되었습니다. 영리를 추구하거나 상업적인 목적으로 사용하는 것을 금지합니다.

바른 연필잡기의 삼각별을 생각하며, **만년필은 4시방향이 되게** 〈TBW〉

4-1. 숫자 쓰기 연습 : 칸에 숫자 1개씩 쓰고, 위 아래 보조선에 최대한 가깝게 쓴다. 실제 숫자 쓰기에 적당한 크기이다.	202 . . .( )
	이름 :

본 연습지는 2012년부터 오랜 시간 무단한 고민과 연구를 통해 바른 연필잡기의 긍정적인 면이 숨을 쉬는 것처럼
자연스럽게 습관화 되도록 단계별로 개발되었습니다. 영리를 추구하거나 상업적인 목적으로 사용하는 것을 금지합니다.

바른 연필잡기의 삼각별을 생각하며, **만년필은 4시방향이** 되게 〈TBW〉

유튜브에 '탁바위'를 검색하세요 명인 백락 오영식 바른 연필잡기 The Meister 名人 伯樂 吳榮植

바른 연필잡기의 삼각별을 생각하며, **만년필은 4시방향이 되게** 〈TBW〉

4-2. 숫자 쓰기 연습 : 세로 구분칸이 없이 연습, 위 아래 보조선에 최대한 가깝게, 실제 숫자 쓰기에 적당한 크기, 옆 간격 적당하게	202 . . .( ) 이름 :

바른 연필잡기의 삼각별을 생각하며, **만년필은 4시방향이 되게** 〈TBW〉

유튜브에 '탁바위'를 검색하세요 명인 백락 오영식   - 146 - 바른 연필잡기 The Meister 名人 伯樂 吳榮植

바른 연필잡기의 삼각별을 생각하며, **만년필은 4시방향이 되게 〈TBW〉**

4-2. 숫자 쓰기 연습 : 세로 구분칸이 없이 연습, 위 아래 보조선에 최대한 가깝게, 실제 숫자 쓰기에 적당한 크기, 옆 간격 적당하게	202 . . .( )
	이름 :

바른 연필잡기의 삼각별을 생각하며, **만년필은 4시방향이 되게** 〈TBW〉

바른 연필잡기의 삼각별을 생각하며, **만년필은 4시방향이 되게** 〈TBW〉

4-3. 숫자 쓰기 연습 : 보조선 없이 연습, 위 아래 선의 중간에 쓰기 실제 숫자 쓰기에 적당한 크기, 옆 간격 적당하게	202 . . .( ) 이름 :

바른 연필잡기의 삼각별을 생각하며, **만년필은 4시방향이 되게** 〈TBW〉

4-3. 숫자 쓰기 연습 : 보조선 없이 연습, 위 아래 선의 중간에 쓰기 실제 숫자 쓰기에 적당한 크기, 옆 간격 적당하게	202 . . .( ) 이름 :

바른 연필잡기의 삼각별을 생각하며, **만년필**은 **4시방향이 되게** 〈TBW〉

유튜브에 '탁바위'를 검색하세요 명인 백락 오영식   바른 연필잡기 The Meister 名人 伯樂 吳榮植

V. 글씨 쓰기 연습 : 한글편(실제 연습)

- 연습지는 상업적으로 이용하지 않는다면 복사해서 사용해도 무관하다.
- 예술의 영역은 많은 연습지가 필요하기 때문이다.
- 바른 연필잡기를 꼭 하고 연습하기 바란다.

한글을 잘 쓰기는 숫자, 알파벳, 한자, 한글 또는 숫자, 알파벳, 한자, 한글 의 순서로 난이도가 높다. 어떻게 보면 중앙에 쓰는 것을 중심으로 하는 한자 쓰기보다 어려운 것 같다. 쓰는 규칙을 찾기도 어렵고 만들기도 어렵다.

예쁘게 쓰기보다는 형식을 갖춰서 쓰기를 위해 연구하였다. 그것을 도와 주기 위해 3분법틀, 2분법틀, 모눈법틀로 나누어 정리하였다. 필요한 것을 선택하여 연습하면 된다.

기본 글자는 사선과 곡선이 없는 ㅁ이 들어간 글자로 하였다. 그래서 예시된 연습 글자들도 ㅁ이 들어간 글자를 기본 글자로 하였고, 형식이 다른 ㅅ이 들어간 글자로 연습용지를 만들었다.

- 도구 : 틀의 구성   3분법틀, 2분법틀, 모눈법틀

- 목표 : 예쁘게 쓰는 글씨보다는 바른 자세로 바르게 쓰는 글씨   ,

〈숫자 연습〉
- 단순 하면서 가로 쓰기 연습이 됨
- 손의 평행이동을 할 수 있어야 함. 손목이 꺾어지면 곤란함.
- 학생들의 손의 크기를 고려하여 5mm~6mm 정도 쓰기
- 약간의 손가락 끝 움직이기 이해할 필요 있음.
- 예쁘게 쓰기가 목표가 아니라, 깔끔하게 쓰며,
     수학의 시험지 여백에 문제를 해결할 수 있는
     공간 활용 능력, 정리 능력을 키우는 것임.

〈한글 연습〉

반듯한 글자를 세로로 진행하는 연습이 좋다. 그러면서 기본적인 자형을 익히도록 한다.

글자의 기준은 ㅁ이 있는 글자를 기준으로 하였다. 반듯해서 쓰기 쉽고 기준을 잡기 쉽기 때문이다.

반듯한 글자를 연습한다. 말, 발, 팔 등과 같이 직각으로만 이루어진 글자는 자형을 잡기에 수월하다. 글자 뿐만 아니라, 단어도 많이 있다. 예를 들면 만년필, 볼펜, 고구마, 발바닥, 바둑, 핀란드, 로마, 파리, 런던, 파도, 나비, 바둑판, 돌, 대나무, 판다, 곰, 달, 미국, 달, 구름, 고릴라, 고래, 트롬, 틀, 태국 등이 있다.

주의할 점은 같은 'ㄱ'을 사용해도 '감'과 '곰'은 구분을 해야하는 것이다. '감'의 'ㄱ'은 사선이 되기 때문이다.

학생들에게 반듯한 단어를 찾아보라는 것도 창의성, 순발력 증진에 도움이 된다.

개인적인 생각인데, 초등 교과서에서 제시된 글자는 너무 큰 것 같다. 저학년은 손의 크기가 작아서 쓰기 힘들다. 그래서 어린 학생들의 무리한 연필잡기가 되는 느낌이 든다.

교과서에 제시된 기준선도 어렵다. 기준선을 가운데에 쓰는 것은 한자의 방식이라고 생각한다. 한글의 특성상 많은 기준이 중앙에 위치하지 않기 때문에 정해줘야 할 필요가 있다. 가운데 위치한 십자기준선틀은 한문을 쓰는 경우에 많이 사용하며, 한문 사용권에서는 이외에도 다양한 틀들이 있다.

그래서 기준선 또는 보조선의 위치를 교과서와 다르게 만들었다.

예쁜 글씨쓰기가 아닌 바른 연필잡기의 과정이라는 것을 계속해서 숙지해야 한다.

모눈종이에 연습하는 것이 좋다고 하는 사람들도 있어서 제작하였다.
 - 처음에는 보조선이 필요해서 보조선을 그리고 연습하였다.
 - 세로 연습 : 역시 한글을 세로로 연습해야 기준을 잡기가 쉽다.

5-01. 반듯한 글자 세로 연습 : 한글의 특성상 세로로 연습하여 자형을 익히는 것이 좋음. 보조선을 활용하여 연습 가운데 높이 3.8

3분법틀 : 기본

202 . . .( )

이름 :

바른 연필잡기의 삼각별을 생각하며, **만년필은 4시방향이 되게 〈TBW〉**

바른 연필잡기의 삼각별을 생각하며, **만년필은 4시방향이 되게** 〈TBW〉

5-02. 반듯한 글자 세로 연습 : 한글의 특성상 세로로 연습하여 자형을 익히는 것이 좋음. 보조선을 활용하여 연습 중앙 가로보조선 생략 가운데 가로선 생략 3분법틀 : 중앙 가로보조선 생략	202 . . .( ) 이름 :

바른 연필잡기의 삼각별을 생각하며, **만년필은 4시방향이 되게** 〈TBW〉

유튜브에 '탁바위'를 검색하세요 명인 백락 오영식   바른 연필잡기 The Meister 名人 伯樂 吳榮植

5-03. 반듯한 글자 세로 연습 : 한글의 특성상 세로로 연습하여 자형을 익히는 것이 좋음. 보조선을 활용하여 연습, 위 아래 보조선 생략 가로선 모두 생략 3분법틀 : 상하 보조선 생략	202 . .( ) 이름 :

바른 연필잡기의 삼각별을 생각하며, **만년필은 4시방향이 되게** 〈TBW〉

유튜브에 '<u>탁바위</u>'를 검색하세요 명인 백락 오영식   - 160 - 바른 연필잡기 The Meister 名人 伯樂 吳榮植

바른 연필잡기의 삼각별을 생각하며, **만년필은 4시방향이 되게** 〈TBW〉

5-04. 반듯한 글자 세로(가로) 연습 : 한글의 특성상 세로로 연습하여
자형을 익히는 것이 좋음. 보조선을 활용하여 연습, 위 아래 보조선 생
략 왼쪽 보조선 생략 세로 진행 연습 가로 진행 연습 가능

202 . . .( )
이름 :

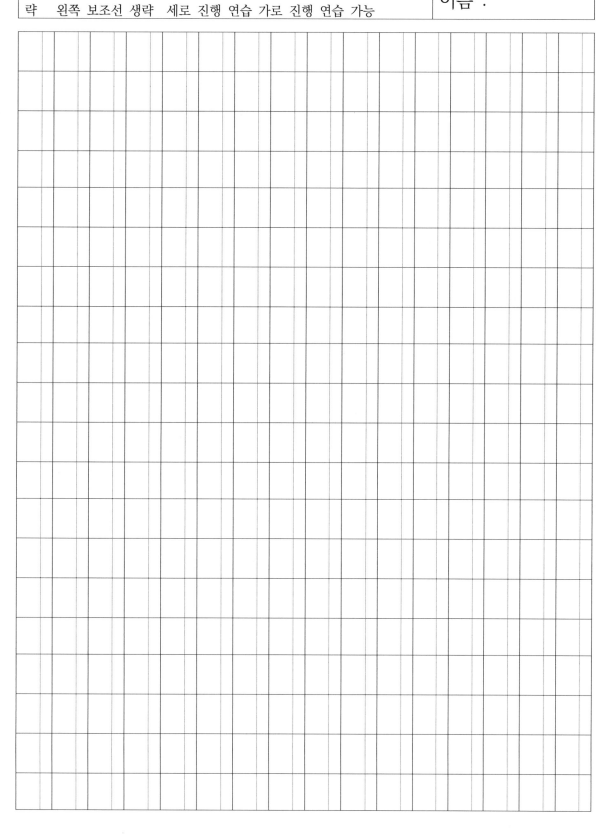

바른 연필잡기의 삼각별을 생각하며, **만년필은 4시방향이** 되게 〈TBW〉

바른 연필잡기의 삼각별을 생각하며, **만년필은 4시방향이 되게** 〈TBW〉

| 5-05. 반듯한 글자 세로 연습 : 한글의 특성상 세로로 연습하여 자형을 익히는 것이 좋음. 보조선을 활용하여 연습, 위 아래 보조선 생략 세로칸 없음. 가로선 생략, 앞 세로선 생략, 세로칸 생략 | 202 . .   .(   ) 이름 : |

본 연습지는 2012년부터 오랜 시간 무단한 고민과 연구를 통해 바른 연필잡기의 긍정적인 면이 숨을 쉬는 것처럼 자연스럽게 습관화 되도록 단계별로 개발되었습니다. 영리를 추구하거나 상업적인 목적으로 사용하는 것을 금지합니다.

유튜브에 '탁바위'를 검색하세요 명인 백락 오영식   - 163 - 바른 연필잡기 The Meister 名人 伯樂 吳榮植

바른 연필잡기의 삼각별을 생각하며, **만년필은 4시방향이 되게 〈TBW〉**

바른 연필잡기의 삼각별을 생각하며, **만년필은 4시방향이 되게** 〈TBW〉

5-06. 반듯한 글자 세로(가로) 연습 : 한글의 특성상 세로로 연습하여 자형을 익히는 것이 좋음. 가로 세로 보조선을 모두 생략
세로칸 다시 생김 보조선 없음.   3분법틀

202 .   .   .(   )

이름 :

본 연습지는 2012년부터 오랜 시간 무단한 고민과 연구를 통해 바른 연필잡기의 긍정적인 면이 숨이 쉬는 것처럼
자연스럽게 습관화 되도록 단계별로 개발되었습니다. 영리를 추구하거나 상업적인 목적으로 사용하는 것을 금지합니다.

바른 연필잡기의 삼각별을 생각하며, **만년필은 4시방향이 되게** 〈TBW〉

5-07. 반듯한 글자 세로 연습 : 한글의 특성상 세로로 연습하여 자형을 익히는 것이 좋음. 보조선을 활용하여 연습, 위 아래 보조선 생략 세로칸 다시 없음 보조선 없음.   3분법틀

202 . . .( )

이름 :

바른 연필잡기의 삼각별을 생각하며, **만년필은 4시방향이 되게** 〈TBW〉

바른 연필잡기의 삼각별을 생각하며, **만년필은 4시방향이 되게** 〈TBW〉

5-08. 반듯한 글자 세로 연습 : 한글의 특성상 세로로 연습하여 자형을 익히는 것이 좋음. 위 아래 보조선 생략 보조선을 활용하여 연습 가운데 높이 3.8 + 칸 여백 3분법틀	202 . . .( ) 이름 :

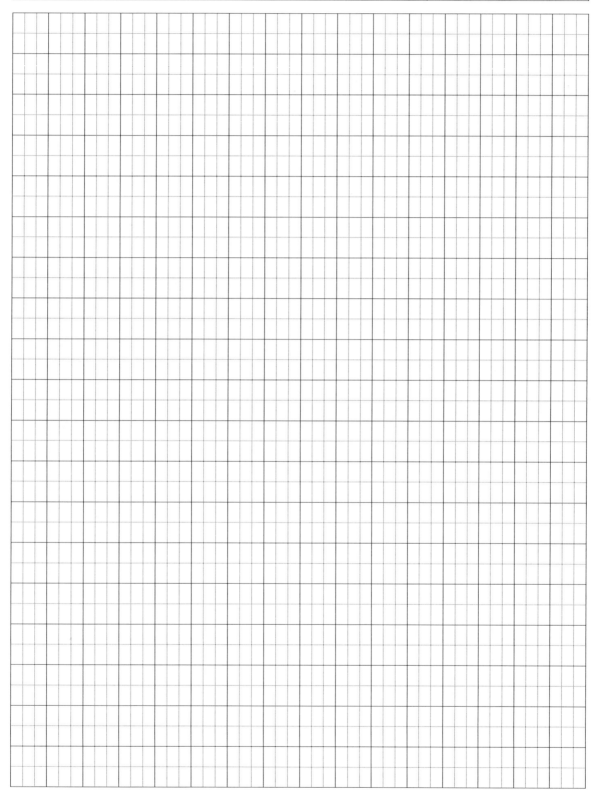

바른 연필잡기의 삼각별을 생각하며, **만년필은 4시방향이 되게** 〈TBW〉

바른 연필잡기의 삼각별을 생각하며, **만년필은 4시방향이 되게** 〈TBW〉

5-09. 반듯한 글자 세로 연습 : 한글의 특성상 세로로 연습하여 자형을 익히는 것이 좋음. 앞 보조선 생략, 위 아래 보조선 생략, 연습 가운데 높이 3.8 + 칸 여백 3분법틀 : 기본	202 . . .( ) 이름 :

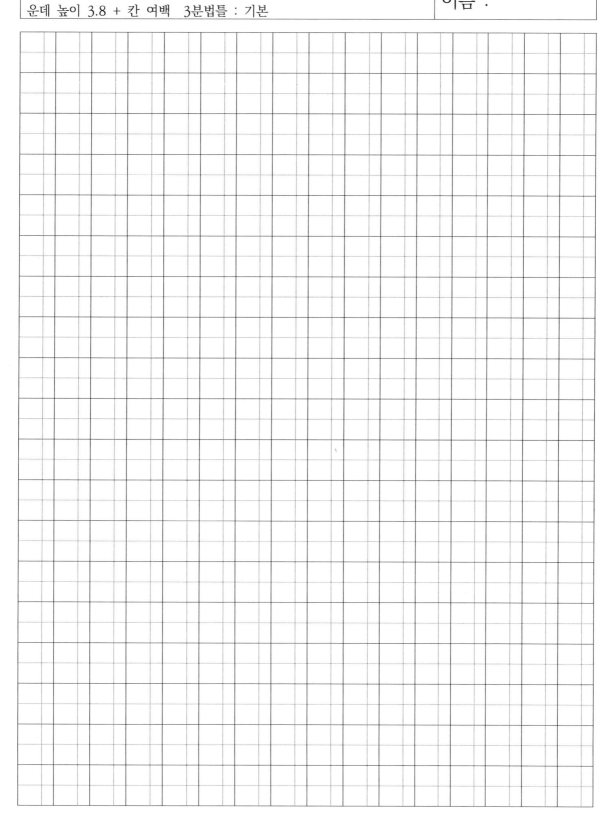

바른 연필잡기의 삼각별을 생각하며, **만년필은 4시방향이 되게** 〈TBW〉

바른 연필잡기의 삼각별을 생각하며, **만년필은 4시방향이 되게** 〈TBW〉

5-10. 반듯한 글자 세로 연습 : 한글의 특성상 세로로 연습하여 자형을 익히는 것이 좋음. 세로 보조선 생략, 앞 보조선 생략, 뒤 보조선 생략, 활용하여 연습 가운데 높이 3.8   3분법틀

202 .   .   .(   )

이름 :

바른 연필잡기의 삼각별을 생각하며, **만년필은 4시방향이 되게** 〈TBW〉

바른 연필잡기의 삼각별을 생각하며, **만년필은 4시방향이 되게** 〈TBW〉

| 5-11. 반듯한 글자 세로(가로) 연습 : 한글의 특성상 세로로 연습하여 자형을 익히는 것이 좋음. 세로 보조선 생략, 앞 보조선 생략, 가운데 가로 보조선 생략, 활용하여 연습 가운데 높이 3.8 × 2 | 202 . . .( ) 이름 : |

본 연습지는 2012년부터 오랜 시간 무단한 고민과 연구를 통해 바른 연필잡기의 긍정적인 면이 숨을 쉬는 것처럼
자연스럽게 습관화 되도록 단계별로 개발되었습니다. 영리를 추구하거나 상업적인 목적으로 사용하는 것을 금지합니다.

유튜브에 '**탁바위**'를 검색하세요 명인 백락 오영식   - 175 - 바른 연필잡기 The Meister 名人 伯樂 吳榮植

바른 연필잡기의 삼각별을 생각하며, **만년필은 4시방향이 되게** 〈TBW〉

본 연습지는 2012년부터 오랜 시간 무단한 고민과 연구를 통해 바른 연필잡기의 긍정적인 면이 숨을 쉬는 것처럼 자연스럽게 습관화 되도록 단계별로 개발되었습니다. 영리를 추구하거나 상업적인 목적으로 사용하는 것을 금지합니다.

유튜브에 '탁바위'를 검색하세요 명인 백락 오영식   - 177 - 바른 연필잡기 The Meister 名人 伯樂 吳榮植

바른 연필잡기의 삼각별을 생각하며, **만년필은 4시방향이 되게** 〈TBW〉

바른 연필잡기의 삼각별을 생각하며, **만년필은 4시방향이 되게** 〈TBW〉

| 5-13. 반듯한 글자 가로(세로) 연습 : 한글의 특성상 세로로 연습하여 자형을 익히는 것이 좋음. 앞 보조선 생략, 뒤 보조선 생략, 위 아래 보조선 생략, 보조선을 활용하여 연습 가운데 높이 3.8 × 2 | 202 . . .( ) 이름 : |

바른 연필잡기의 삼각별을 생각하며, **만년필은 4시방향이 되게** 〈TBW〉

유튜브에 '탁바위'를 검색하세요 명인 백락 오영식 바른 연필잡기 The Meister 名人 伯樂 吳榮植

5-14. 반듯한 글자 가로 연습 : 한글의 평상시 사용인 가로 연습. 앞 보조선 생략, 뒤 보조선 생략, 위 아래 보조선 생략, 가운데 가로 보조선을 활용하여 연습 가운데 높이 3.8 × 2	202 . . ( ) 이름 :

바른 연필잡기의 삼각별을 생각하며, **만년필은 4시방향이 되게** 〈TBW〉

바른 연필잡기의 삼각별을 생각하며, **만년필은 4시방향이 되게** 〈TBW〉

5-15. 반듯한 글자 가로(세로) 연습 : 기준을 옆으로 만듦. 옆 글 쓰기를 대비하여 만 들었음. 보조선은 생략하고 칸만 남김
 앞에서도 나왔음. 세로 연습도 가능

202 .   .   .(   )

이름 :

바른 연필잡기의 삼각별을 생각하며, **만년필은 4시방향이 되게** 〈TBW〉

유튜브에 '<u>탁바위</u>'를 검색하세요 명인 백락 오영식   바른 연필잡기 The Meister 名人 伯樂 吳榮植

바른 연필잡기의 삼각별을 생각하며, **만년필은 4시방향이 되게** 〈TBW〉

5-16. 반듯한 글자 가로 연습 : 세로칸을 옆에서 평소 쓰는 공책과 비슷하게 제작	202 . . .( ) 이름 :

바른 연필잡기의 삼각별을 생각하며, **만년필은 4시방향이 되게** 〈TBW〉

바른 연필잡기의 삼각별을 생각하며, **만년필은 4시방향이 되게** 〈TBW〉

| 6-01-01. 반듯한 글자 세로 연습 : 한글의 특성상 세로로 연습하여 자형을 익히는 것이 좋음. 보조선을 활용하여 연습. 기본틀 안내 위 아래 1.6 중간 3.4 여기는 2분법 틀 처음 연습용 | 202 . . .( ) 이름 : |

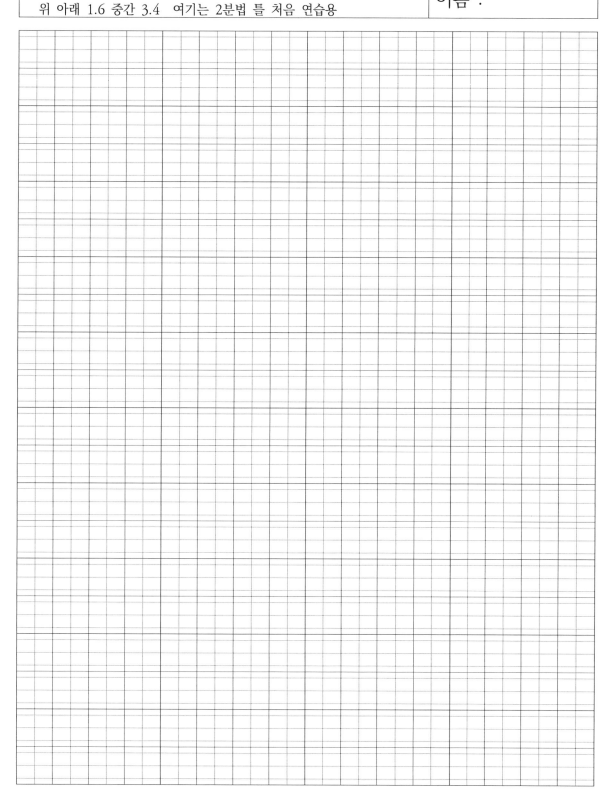

바른 연필잡기의 삼각별을 생각하며, **만년필은 4시방향이 되게** 〈TBW〉

바른 연필잡기의 삼각별을 생각하며, **만년필은 4시방향이 되게** 〈TBW〉

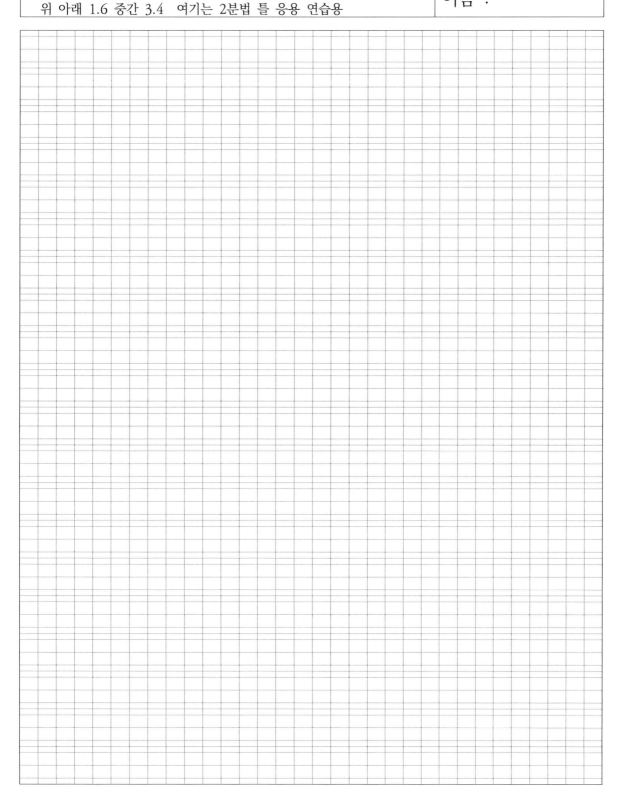

바른 연필잡기의 삼각별을 생각하며, **만년필은 4시방향이 되게** 〈TBW〉

6-02. 반듯한 글자 세로 연습 : 한글의 특성상 세로로 연습하여 자형을 익히는 것이 좋음. 보조선을 활용하여 연습. 고딕체 연습 반듯한 글자 ㅁ이 기준이 된다. 위 아래 1.6 중간 3.4 2분법 틀	202 . . .( ) 이름 :

말
불
만
년
필
대
나
무
바
둑
고
래
펜
물
꿀
북
극
판
다
곰

바른 연필잡기의 삼각별을 생각하며, **만년필은 4시방향이 되게** 〈TBW〉

6-03-01. 글자 세로 연습 : 한글의 특성상 세로로 연습하여 자형을 익히는 것이 좋음. 보조선을 활용하여 연습. 궁서체 기본 연습

　위 아래 1.6 중간 3.4 우선 ㅁ 이 들어가는 기본연습을 했다.

202 ．　．　．（　　）

이름 :

| 마 |
| 맘 |
| 막 |
| 만 |
| 맏 |
| 말 |
| 맘 |
| 맙 |
| 맛 |
| 망 |
| 맞 |
| 머 |
| 먹 |
| 멈 |
| 먹 |
| 먼 |
| 멀 |
| 멈 |
| 멉 |
| 멋 |

바른 연필잡기의 삼각별을 생각하며, **만년필은 4시방향이 되게** 〈TBW〉

6-03-02. 반듯한 글자 세로 연습 : 한글의 특성상 세로로 연습하여 자형을 익히는 것이 좋음. 보조선을 활용하여 연습. 궁서체 기본 연습
위 아래 1.6 중간 3.4   2분법 틀

202 .   .   .(   )

이름 :

모
몸
목
몬
돈
몰
몸
몹
못
몽
무
뭄
묵
문
물
뭏
뭅
묻
묽
뭉

바른 연필잡기의 삼각별을 생각하며, **만년필은 4시방향이 되게** 〈TBW〉

므
믐
믄
믈
믐
믓
미
밈
믹
민
민
밀
밈
밉
밋
밍
및
뭄
뭇
뭉

바른 연필잡기의 삼각별을 생각하며, **만년필은 4시방향이** 되게 〈TBW〉

바른 연필잡기의 삼각별을 생각하며, **만년필은 4시방향이 되게** 〈TBW〉

6-04. 반듯한 글자 세로(가로) 연습 : 한글의 특성상 세로로 연습하여
자형을 익히는 것이 좋음. 보조선을 활용하여 연습. 궁서체 기본 연습
 가로 가운데 보조선 생략 위 아래 1.6 중간 3.4

202 .   .   .(   )

이름 :

바른 연필잡기의 삼각별을 생각하며, **만년필은 4시방향이 되게** 〈TBW〉

유튜브에 '탁바위'를 검색하세요 명인 백락 오영식   바른 연필잡기 The Meister 名人 伯樂 吳榮植

바른 연필잡기의 삼각별을 생각하며, **만년필은 4시방향이 되게** 〈TBW〉

6-05. 반듯한 글자 세로 연습 : 한글의 특성상 세로로 연습하여 자형을 익히는 것이 좋음. 보조선을 활용하여 연습. 기본틀 안내 　위 아래 1.6 중간 3.4　여기는 2분법 틀 응용 연습용	202 .　.　.(　) 이름 :

바른 연필잡기의 삼각별을 생각하며, **만년필은 4시방향이 되게** 〈TBW〉

유튜브에 '탁바위'를 검색하세요 명인 백락 오영식 바른 연필잡기 The Meister 名人 伯樂 吳榮植

6-06. 반듯한 글자 세로 연습 : 한글의 특성상 세로로 연습하여 자형을 익히는 것이 좋음. 보조선을 활용하여 연습. 기본틀 안내 위 아래 1.6 중간 3.4 여기는 2분법 틀 응용 연습용	202 . . .( ) 이름 :

바른 연필잡기의 삼각별을 생각하며, **만년필은 4시방향이 되게** 〈TBW〉

6-07. 반듯한 글자 세로 연습 : 한글의 특성상 세로로 연습하여 자형
을 익히는 것이 좋음. 보조선을 활용하여 연습. 기본틀 안내
　위 아래 1.6 중간 3.4　여기는 2분법 틀 응용 연습용

202 ．　 ．　 ．(　)

이름 :

바른 연필잡기의 삼각별을 생각하며, **만년필은 4시방향이 되게** 〈TBW〉

유튜브에 '탁바위'를 검색하세요 명인 백락 오영식   바른 연필잡기 The Meister 名人 伯樂 吳榮植

바른 연필잡기의 삼각별을 생각하며, **만년필은 4시방향이 되게** 〈TBW〉

7-01. 5mm 모눈 종이에 연습 : 방안지에 연습하면 쉽게 구할 수 있고 간격등을 조절하기가 쉬워서 연습, 글자는 세로로 연습 모눈법틀	202 . . .( ) 이름 :

바른 연필잡기의 삼각별을 생각하며, **만년필은 4시방향이 되게** 〈TBW〉

유튜브에 '<u>탁바위</u>'를 검색하세요 명인 백락 오영식 　－ 208 －　바른 연필잡기 The Meister 名人 伯樂 吳榮植

바른 연필잡기의 삼각별을 생각하며, **만년필은 4시방향이 되게** 〈TBW〉

| 7-02. 4mm 모눈 종이에 연습 : 5mm에 비하여 글씨가 작아서 손이 작은 학생들이 연습하기 용이함. 연습하기 방안지에 연습하면 쉽게 구할 수 있고 간격등을 조절하기가 쉬어서 연습, 글자는 세로로 연습 | 202 .   .   .(   )
이름 : |

바른 연필잡기의 삼각별을 생각하며, **만년필은 4시방향이** 되게 〈TBW〉

바른 연필잡기의 삼각별을 생각하며, **만년필은 4시방향이 되게** 〈TBW〉

| 7-03. 5mm 10mm 모눈 종이에 연습 : 방안지의 단점 극복, 간격등을 조절하기가 쉬워서 연습, 글자는 세로로 연습 | 202 . . .( ) 이름 : |

바른 연필잡기의 삼각별을 생각하며, **만년필은 4시방향이 되게** 〈TBW〉

바른 연필잡기의 삼각별을 생각하며, **만년필은 4시방향이 되게** 〈TBW〉

| 말 |
| 막 |
| 만 |
| 말 |
| 만 |
| 맘 |
| 맙 |
| 막 |
| 락 |
| 란 |
| 랄 |
| 람 |
| 랍 |
| 랕 |
| 박 |
| 반 |
| 받 |
| 발 |
| 발 |
| 밤 |

바른 연필잡기의 삼각별을 생각하며, **만년필은 4시방향이 되게** 〈TBW〉

바른 연필잡기의 삼각별을 생각하며, **만년필은 4시방향이 되게** 〈TBW〉

7-04-2. 5mm 10mm 모눈 종이에 연습 : 방안지의 단점 극복, 간격 등을 조절하기가 쉬어서 연습, 글자 앞에 1point 글자로 간격조정 글자는 세로로 연습, 필요한 글자 연습 한양해서 18point

202 .   .   (   )

이름 :

바른 연필잡기의 삼각별을 생각하며, **만년필은 4시방향이 되게** 〈TBW〉

유튜브에 '탁바위'를 검색하세요 명인 백락 오영식   바른 연필잡기 The Meister 名人 伯樂 吳榮植

바른 연필잡기의 삼각별을 생각하며, **만년필은 4시방향이 되게** 〈TBW〉

| 7-04-3. 5mm 10mm 모눈 종이에 연습 : 방안지의 단점 극복, 간격 등을 조절하기가 쉬워서 연습, 글자는 세로로 연습, 필요한 글자 연습 한양해서 18point | 202 . . ( ) 이름 : |

막	만	만	말	맘	막	락	란	랄	람	랍	락	박	반	받	발

유튜브에 '탁바위'를 검색하세요 명인 백락 오영식 바른 연필잡기 The Meister 名人 伯樂 吳榮植

바른 연필잡기의 삼각별을 생각하며, **만년필은 4시방향이 되게** 〈TBW〉

바른 연필잡기의 삼각별을 생각하며, **만년필은 4시방향이 되게** 〈TBW〉

7-04-4. 5mm 10mm 모눈 종이에 연습 : 방안지의 단점 극복, 간격 등을 조절하기가 쉬워서 연습, 글자는 세로로 연습, 필요한 글자 연습 한양해서 18point	202 . . ( ) 이름 :

유튜브에 '탁바위'를 검색하세요 명인 백락 오영식   - 219 - 바른 연필잡기 The Meister 名人 伯樂 吳榮植

바른 연필잡기의 삼각별을 생각하며, **만년필은 4시방향이 되게** 〈TBW〉

바른 연필잡기의 삼각별을 생각하며, **만년필은 4시방향이 되게** 〈TBW〉

7-04-5. 5mm 10mm 모눈 종이에 연습 : 방안지의 단점 극복, 간격 등을 조절하기가 쉬워서 연습, 글자는 세로로 연습, 필요한 글자 연습	202 . . . ( ) 이름 :

삭
산
산
살
삼
삽
삿
상
샃
샂
삯
삾
숙
순
숟
술
슴
슴
슴
습

본 연습지는 2012년부터 오랜 시간 무단한 고민과 연구를 통해 바른 연필잡기의 긍정적인 면이 숨을 쉬는 것처럼 자연스럽게 습관화 되도록 단계별로 개발되었습니다. 영리를 추구하거나 상업적인 목적으로 사용하는 것을 금지합니다.

유튜브에 '탁바위'를 검색하세요 명인 백락 오영식 - 221 - 바른 연필잡기 The Meister 名人 伯樂 吳榮植

바른 연필잡기의 삼각별을 생각하며, **만년필은 4시방향이 되게** 〈TBW〉

유튜브에 '<u>탁바위</u>'를 검색하세요 명인 백락 오영식   바른 연필잡기 The Meister 名人 伯樂 吳榮植

바른 연필잡기의 삼각별을 생각하며, **만년필은 4시방향이 되게** 〈TBW〉

7-05. 4mm 8mm 모눈 종이에 연습 : 방안지의 단점 극복, 간격등을 조절하기가 쉬어서 연습, 크기 조절 글자는 세로로 연습	202 . .( ) 이름 :

바른 연필잡기의 삼각별을 생각하며, **만년필은 4시방향이 되게** 〈TBW〉

7-06-1. 4mm 8mm 모눈 종이에 연습 : 방안지의 단점 극복, 간격등 을 조절하기가 쉬어서 연습, 크기 조절 글자는 세로로 연습, 필요한 글자 연습	202 . . .( ) 이름 :

바른 연필잡기의 삼각별을 생각하며, **만년필은 4시방향이 되게** 〈TBW〉

바른 연필잡기의 삼각별을 생각하며, **만년필은 4시방향이 되게 〈TBW〉**

바른 연필잡기의 삼각별을 생각하며, **만년필은 4시방향이 되게** 〈TBW〉

바른 연필잡기 The Meister 名人 伯樂 吳榮植

〈맺음말〉

지금까지으로 실습을 위해서 단계별로 구상하여 연습하였다.

크게 나누면

　개괄적으로 필요성을 이해하고, 바른 연필잡기 모양을 안다.

　손모양을 잡기 위해 긴 선 연습을 하고,
　손가락의 운동 연습을 위해 짧은 선 연습을 하고,
　큰 글씨 한자쓰기를 통해 흐름과 결을 느끼는 연습을 한다.

　실제 글자 연습은 틀을 이용하여,
　숫자 쓰기, 틀을 이용하여
　한글을 연습하는 단계 이다.

'탁월함에 이르는 바른 연필잡기의 위대한 힘!'의 중요함을 알고, 기르기 위해서 이론과 실제를 연습했다.

바르게 글씨 쓰기를 **예쁘게 글씨 쓰기와 혼동하여 오류**에 빠져서
　바른 연필잡기가 주는 창의적 자아실현의 영역을 놓치지 말아야 겠다.

　바른 연필잡기는 호흡이며, 습관이다.
　바른 것은 해야만 한다. 특히 습관이 되는 것은 더 중요하다.
　한번 해놓으면 큰 노력 없이 평생을 함께 하기 때문이다.
　평생의 좋은 반려자이며, 평생의 좋은 치트키이다.
　공부를 잘하는 학생에게는 쉽게 오래 잘할 수 있는 비법이다.
　흔히 말하는 **공부의 날개**인 것이다.

다시 한번 강조한다.
　　바른 연필잡기(바르게 글씨쓰기))의 중요성을 알고
　　예쁘게 글씨 쓰기의 오류에 빠지지 않도록 한다.

　이론편은 바른 연필잡기를 다양한 관점에서 신체적 편안함, 과학적 힘의 방향, 손가락의 상호 역학적 관계, 손가락의 구조를 살펴본 해부학적 이유를 들어서 합리적으로 설명했다. 세계적으로 유명하거나, 자기분야에서 큰 업적을 이룬 사람들의 바람직한 연필잡기의 모범적인 사례들을 곁들여 필요성을 더욱 강조하였다.

　혹시 사랑하는 자녀에게, 학생에게
　　바른 연필잡기를 과학적으로 설명하고,
　　바른 연필잡기 과정의 시행착오를 줄이려면
　　　이론편을 참고하기 바란다.

마지막으로
'탁월함에 이르는 바른 연필잡기의 위해한 힘! : 실제편'의 연습은
　꼭 **바른 연필잡기 손모양을 하고** 연습을 하도록 당부한다.

우리들의 소중한 자녀, 학생, 세계의 어린이들의 바른 성장을 기원한다.

名人(명인)이라고 한 이유 :

필자는 눈(雪)을 좋아한다. 바둑을 좋아한다. (한국기원 공인 아마 1단이다.) 눈은 영화, 문학 작품 등에서 많이 사용된다. 바둑은 그렇지는 못한 것 같다. 눈에 관련해서 **설국(雪國)**이라는 제목으로 써서 노벨 문학상을 받은 사람이 있다. 일본인 작가 천단 강성(가와바타 야스나리:川端 康成)이다.

소설 설국의 처음 도입은 매우 인상적이었다.

"국경의 긴 터널을 빠져나오자, 눈의 고향이었다." 많은 여운을 주는 시작이다. 평화롭고, 아름다운, 광활한 설원이 눈 앞에 펼쳐지는 것 같다.

노벨 문학상을 받은 작가 천단 강성(가와바타 야스나리:川端 康成)이 바둑에 관한 소설도 섰다. 바둑에 관한 소설이 몇 개 있지만, 노벨 문학상을 받은 작가의 시점으로 좋아하는 **바둑에 관한 소설을 썼다고 하니 관심이 갔다. 그 바둑 소설의 제목이 名人(명인)이다.**

雪國, 名人 좋은 표현이다. 그래서 필명을 **名人(명인)**으로 했다. 바른 연필잡기를 더 연구해서 세계 최고의 바른 연필잡기 명인이 되고 싶다는 각오가 담겨있다.

영문은 The Meister이다.

雪國은 영화 기생충으로 아카데미 상을 받은 봉준호 영화 감독과 송강호 배우가 설국열차를 통해서 많이 알렸다. 그리고 코로나19가 기승을 부리는 2020년 여름 설국열차가 넷플릭스 채널을 통해 드라마로 다시 재탄생되었다.

伯樂(백락)이라고 한 이유 :

  중국 춘추시대, 하루에 천리를 간다는 명마(천리마)를 잘 알아보고 훈련하는 사람을 伯樂(백락)이라고 한다. 伯樂一顧(백락일고)라는 고사성어도 있다.
  젊은 시절, 한 반의 학생수가 5~6명 정도로 학생 수가 적은 시골 학교에서 열정과 노력으로 지도했던 시절의 제자 2명이, 2021학년도 대학입학 수능에서 대한민국 최고의 실력을 가진 학생들이 지원한다고 하는 의대에 합격했다.

  의대 합격을 기념하기 위해 伯樂(백락)을 필명에 추가하였다.

  백락은 중국 당(唐)을 대표하는 문장가, 정치가, 사상가이며 당송 8대가(唐宋八大家)중의 한 사람인 한유(韓愈)가 쓴 잡설 제4수에 극찬되어 있다.

  世有伯樂, 然後有千里馬. '세유백락, 연후유천리마' : 세상에 백락이 있은 후에야 천리마가 있다.' 라는 내용이다. '천리마는 항상 있지만, 백락은 늘 있는 것은 아니다.'의 내용으로 이어진다.

지면으로 설명하는 것에는 한계가 있어서,
실제 연습에 도움이 되기 위해서
유튜브 '탁바위! 탁월함에 이르는 바른 연필잡기의 위대한 힘!'을
운영하고 있습니다.

아울러,
연습을 위한 실습 용지도 유튜브 영상에 첨부하여 무료로 배포하고 있으니
부담없이 출력하여 사용하여도 됩니다.

탁바위 시리즈를 구상하고 있습니다.

〈이미 출판한 책〉

탁바위 : 탁월함에 이르는 바른 연필잡기의 위대한 힘! TBW! : 실제 공부편
　　시골학교 교사 시골학교 학생 의대보내기

탁바위 : 탁월함에 이르는 바른 연필잡기의 위대한 힘! TBW! : 이론편
　　바른 연필잡기를 위한 세계 최고의 과학적 구체적 이론서

탁바위 : 탁월함에 이르는 바른 연필잡기의 위대한 힘! TBW! : 실제편
　　바른 연필잡기를 위한 세계 최고의 과학적 단계적 실습서

〈활동중인 유튜브〉

탁바위! 탁 바른 연필잡기의 위대한 힘! TBW!

탁바위! 탁월함에 이르는 바른 연필잡기의 위대한 힘! TBW! 〈실제편〉
바른 연필잡기를 위한 세계 최고의 과학적 단계적 실습서

발 행 | 2021년 09월 15일
저 자 | 오영식
펴낸이 | 한건희
펴낸곳 | 주식회사 부크크
출판사등록 | 2014.07.15.(제2014-16호)
주 소 | 서울특별시 금천구 가산디지털1로 119 SK트윈타워 A동 305호
전 화 | 1670-8316
이메일 | info@bookk.co.kr

ISBN | 979-11-372-5667-5

www.bookk.co.kr
ⓒ 오영식 2021